All Learning is Social and Emotional

社会交往

和

情感教育

Helping Students Develop Essential Skills
for the Classroom and Beyond

大夏书系·培养学习力译丛

盛群力 主编

[美] 南希·弗雷、道格拉斯·费希尔、多米尼克·史密斯 _ 著
（Nancy Frey）　　（Douglas Fisher）　　（Dominique Smith）

冯建超 李爽 洪梅 _ 译　盛群力 _ 审订

华东师范大学出版社
ECNUP
全国百佳图书出版单位
·上海·

上海市版权局著作权合同登记 图字：09-2019-250 号

浙江大学 2019 年度教师教学发展中心资助项目

浙江传媒学院教师教学发展中心合作研究

浙江省高等学校国内访问学者"教师专业发展项目"

成果（FX2019035）

目录

第一章　学有所值

　　学习，这是学校存在的意义，对吧？不管在教育系统中扮演什么角色，本书的作者与读者一定都很关心学生的学习。我们花了无数的时间确保学生开展学习。但是，学生应该在学校里学些什么，几十年来却一直没有定论。我们应该教什么？学生需要掌握什么、培养哪些能力？

　　在大多数情况下，答案很简单。学校需要教的，学生需要掌握的，是核心学科知识。毕竟，对学校进行考核的大部分指标聚焦于英语和数学，有时也侧重于科学和社会。为了让学校在评级和排名上取得"成功"，学生必须在学业成绩方面表现良好。在这些学校里，教学的每一分钟都集中在学生学业发展上。

　　在其他领域，"有价值的学习"扩展到职业和工作技能范围。例如，获得必要技能部长委员会（the Secretary's Commission on Achieving Necessary Skills，SCANS，1992）认为，教学应该专注于学校教育缺失的内容：所谓的"学会生活"的体系。SCANS的报告提倡，除了要求基本的技能，如识字和计算外，还要将学习重点放在思考技能上，确保学生能够将知识运用到工作中，并培养其敬业守信的个人品质。

　　对工作技能的价值认可和先后排序反映出，人们越来越认识到学校能够影响的不仅仅是学生的学科知识。例如，加州现将"职业规划"作为学生大学入学和职业准备的展示方式之一。在加州新的学校考核模式中，高中生必须在三年内完成 300 个小时的职业和技术教育课程，才能获得"准备充分"的最高评价。在这些课程中，嵌入了非认知技能，如与他人合作解决问题、开发新产品、清晰沟通、公正决策。换句话说，基本素养（dispositions）是专业技能的基础。这一倾向与美国劳工部（the U.S. Department of Labor）概述的行业能力相一致（SCANS，1992）。

在另外一些领域里，除了学科技能之外，有价值的学习还应该包括掌握社交与情感技能。显然本书的作者和读者都是这种更广泛的学习观的支持者。我们相信，关注学习的社交与情感方面，即社交与情感学习（social and emotional learning，SEL），将会改善学科学习。

迄今为止，极少有在学校考核系统内开展 SEL 改革的尝试。例如，在我们的家乡加州，辍学率和开除率依然是衡量学校成功的标准之一。一些批评人士认为，重视辍学率和开除率制造了一种过于宽松的环境，在这种环境中，教师和管理人员对学生的"犯罪行为态度软弱"。支持者则反驳说，让学生不再流失，不仅能够有效衡量学校的办学质量，更是促进学校成功办学的有效方法。为了减少学生停课和被开除的情形，学校必须帮助学生发展社交与情感技能，让学生能够积极地与他人互动、与教师互动、与学习互动。

一、社交与情感学习近景

社交与情感学习（SEL）有很多定义（参见 Humphrey et al.，2011）。总的来说，SEL 侧重于一系列与社交、情感、行为和性格相关的技能，这些技能帮助学生在学校、工作、人际关系和社群中取得成功。

虽然这些技能影响着学术学习，但它们通常被认为是"软技能"或是个人特质，而不是明确的教学目标。事实上，尽管没有意识到，但我们在教学实践中已经在开展 SEL。正如伯曼、查菲、萨缅托（Berman, Chaffee, & Sarmiento，2018）指出的，"怎样教和教什么一样有教育意义。正如课堂文化必须反映社会归属感和情感安全一样，学术教学也可以体现和增强这些能力，并通过这些能力得到提升"（p.13）。老师在每次上课前都会传达这些价值观。

解决学生社交与情感需求的当下研究，可以追溯到沃特斯和斯鲁夫（Waters & Sroufe，1983）。他们将这样的能力描述为"对需求生成并调整灵活性、适应性反应，以及在特定环境中制造和利用机会"（p.80）。换句话说，有能力的人是有适应能力的，他们以适当的方式对各种情况作出反应，并在各自的社群中寻找机会。这不就是我们希望学生能够做到的吗？因此，学校应该在培养学生此类技能方面加大力度。

有关 SEL 的理念已经出现多年了。1997 年伊莱亚斯（Elias）及其同事提出，SEL 由一系列能力组成，杜拉克等人（Durlak，Weissberg，Dymnicki，Taylor，& Schellinger，2011）进一步将 SEL 描述为以下能力：

◎识别和管理情感。

◎设定并实现积极的目标。

◎欣赏他人的观点。

◎建立和保持积极的关系。

◎作出负责任的决定。

◎建设性地处理人际关系（p.406）。

几年后，学术、社交与情感学习协作组织（the Collaborative for Academic，Social，and Emotional Learning，CASEL，2005）确定了五种相互关联的认知、情感和行为能力：

◎自我意识——反省自己的感觉、价值观和行为的能力。

◎社会意识——从另一个角度看问题的能力，尊重他人的社交和文化规范，并欢迎多样性。

◎人际关系技能——与同事、老师、家庭和其他群体建立并保持积极关系的能力。

◎自我管理——包括自我激励、目标设定、自我组织、自律、冲动控制和应对压力的策略。

◎负责任的决策能力——兼顾自己和他人幸福，作出选择的能力。

最近发布的华莱士基金会模型（Wallace Foundation model）（参见 Jones，Bailey，Brush，& Kahn，2018）确定了 SEL 的三个领域：

◎认知管理——注意力控制，认知抑制性控制，工作记忆和计划，以及认知灵活性。

◎情感处理——情感知识和表达，情感和行为调节，以及同理共情或换位思考。

◎社交 / 人际关系技能——理解社会暗示、解决冲突和友善交往行为（prosocial behavior，译者注：该英文词语直译为亲社会行为，即忠实于既定社会道德准则的行为）。

二、社交与情感学习能否应用于学校?

说到华莱士基金会模型，其运用、遵循"只有知道更多，才能说得更多"原则。正如本书英文名，所有的学习都具有社会交往和情感性（All Learning Is Social and Emotional），我们都已经把这个忠告牢记在心。但任何深入研究社交与情感学习的人又都应该避免对其效果作出太多明确的断言。然而，我们确信的一点是，课堂学习总是包括认知、社交与情感方面。

作为教师、管理人员和顾问，我们多年来与数千名学生和教师一起工作。我们已经在小学、初中和高中，以及几乎所有的学校体系中，对一般、特殊和职业课程进行了研究。基于这些经验和对研究的总结，我们得出以下结论：毫无疑问，教师影响着学生的能力和情感发展，因此，他们有责任以一种积极的、成熟的方式促进学生社交能力和情感的发展。

正如我们在前一节中所描述的，针对学生社交与情感学习需求有很多框架性思考方法，各领域专家也已经开发了数百个项目来支持学生社交与情感技能的有效发展。随着各种 SEL 方法的开发，人们同时也在关注，如何以最佳方式将社交与情感学习正式纳入教育者的工作中。在进一步讨论 SEL 之前，我们首先有必要解决三个常见的问题。

社交与情感学习是否影响学术学习?

的确，老师和学生在一起的教学时间有限，在有限的时间里尽可能地开展学习至关重要。研究表明，花在 SEL 上的时间可以促进学科学习（例如：Durlak et al.，2011；Hawkins，Smith，& Catalano，2004）。正如琼斯与其同事（Jones et al.，2018）解释的，"能够有效管理自己的思维、注意力和行为的孩子，更有可能取得更好的成绩和更高的标准化考试分数"（p.15）。

简单地说，当学生发展了友善交往行为和自我调节技能时，他们会学到更多（例如：Duncan et al.，2007）；问题行为未得到解决的学生学得较少（Wilson，Gottfredson，& Najaka，2001）。

社交与情感学习课程是否取代了家长 / 家庭的角色?

本书所关注的是，与 SEL 相关的课程能够教授价值观。事实就是，能够教授。但我们认为价值观是，而且一直是学校教育的一个组成部分。当老师选择一本特定的书来教授，这个选择传达了价值观；当老师回答提问时，他的回答方式也传达价值观；当老师让学生排成男女间隔的队伍时，这种做法传达的也是价值观。学校、学校里的成年人以及与学校相关的人，有意无意地在每一堂课上传达他们的价值观、道德观和信仰。这是隐性课程的一个方面（我们将在下一节讨论）。这就是开展监督和审查的原因所在，这就是为什么要设学校董事会和课程委员会的原因。

当学校和教师以公开透明的方式开展 SEL 活动时，社区（包括家长和家庭）可以监督、批评这些工作。

社交与情感学习是否会导致群体思维一致性?

多年来，我们断断续续地听到 SEL 被描述为"共产主义的"或"社会主义的"，不应在美国课堂宣扬。坦率地说，我们仍然对这种观点感到惊讶。没有一种思维方式是学校独有的，SEL 项目也不例外。人类社会有通用的恰当的行为方式，美国社会也有自己特定的社会定义的行为方式和社会习俗，每一种都有各种细微差别和变化。

我们认为，一个正直的教师，就应该努力帮助学生在社交与情感上成长和发展，努力地促使学生掌握必要技能，成为有生产力的社会成员，而不能被动地受政治议程的驱使。

三、作为课程的社交与情感学习

围绕 SEL 的许多争议似乎都源于这样一种担忧：SEL 课程是否具备塑造学生思维的潜力。为了在课堂上直接探究 SEL，我们首先需要考虑课程的各个方面，这里我们使用世界课程理论专家之一乔治·波斯纳（George Posner）所提出的课程理论。

波斯纳认为任何课程至少有五个层次：

◎官方课程（The official curriculum）或书面课程，给出了要遵循的基本课程计划，包括目标、顺序和材料。这为明确教学任务提供了基础。

◎实施课程（The operational curriculum），是指由教师讲授的内容以及教师传达内容的方式，包括教师在课堂上教的内容和学生的学习成果。

◎隐性课程（The hidden curriculum），包括周围社会的规范和价值观。它比前两类课程更强大、更持久，并且可能与之相冲突。

◎无效课程（The null curriculum），主要包括没有教授的内容。必须考虑到官方课程或执行课程不包括这些内容的原因。

◎拓展课程（The extra curriculum），在特定的教育课程之外计划的学习经验。（George Posner，1992，pp.10-12）

SEL 长期存在于隐性课程中。每当一个成年人说"男孩不要哭"或"说谢谢"时，本质上就是在开展 SEL。学生一直在学习社交与情感方面的知识，但其中一些是没有成效的。如果 SEL 仍然只是存在于隐性课程中，学生的学习就会出现差距。例如，如果不直接教授学生自我调节策略，那些尚未形成自我调节策略的学生可能会被边缘化。老师可能会说某个学生经常不完成作业，或者分心，或者无法集中注意力。这些例子中，学生没有掌握他或她从未学过的东西而被无端指责。如果所有的学生都学会了自律，老师就可以提醒他们使用相关策略了。正如波斯纳（Posner，1992）所说：

> 发生在学生身上的每一件事都影响着他们的生活，因此，我们必须非常广泛地考虑课程内容。不仅要考虑到可以为学校里甚至是校外的学生准备些什么，还要考虑到每个人遇到的新情况所带来的所有不可预料的后果。任何新情况带来的后果，不仅包括正式意义上它是如何习得的，还包括该情况在经历它的人身上所产生的所有思想、感情和行动倾向。但是，由于每个人至少在一些小的方面不同于其他人，没有两个人能够以完全相同的方式经历同样的情况。（p.51）

只有承认 SEL 是官方课程的组成部分，教师才能在课堂上教授。当然，这也能够为 SEL 围绕其他内容领域开启课程辩论，包括英语语言艺术中的语音，科学中的进化论，社会研究中的克里斯托弗·哥伦布（Christopher Colum），以及数学中的运算过程与概念等。任何课程内容，确定为学校教育的重要组成部分后，都可以成为 SEL 讨论的主题，在讨论中，学生能够发展出充满激情的不同观点。在我们看来，针对 SEL，值得进行同类型的持续的严格辩论，辩论带给我们今天使用的成熟的学术课程。就像这些学术课程一样，SEL 也必定随着时间的推移而不断发展成熟。

四、作为能力培养的社交与情感学习

老师必须教学生如何就面临的选择和问题作出决定。掌握了丰富科学知识但社交或解决问题能力较差的学生，有被操纵的风险。同样，学生只有能够预测自己行为的可能后果，才会更有可能作出正确的决定。

例如，以我们所知道的五名高中生为例，他们成绩优异，在学校资助下参加全州范围的竞赛活动，却因在酒店房间里吸食大麻被抓。这些学生非常懊悔。事后来看，他们意识到自己所作的是一个糟糕的决定，但当选择摆在他们面前时，他们无力拒绝。我们都知道行动是有后果的，也应该有后果。我们的观点是，这些学生的学科学习不足以帮助他们应对面临的现实世界的挑战。总之，SEL 还有其他好处，能帮助学生培养强大的社交与情感技能，帮助他们考虑后果并作出正确的决定。

然而，社交与情感学习不仅仅是帮助学生远离麻烦，还能发展生活技能，并应对各种情况。通过本书中的示例，您将发现一个关注"问题"的逻辑线，例如，如何在团队中工作或如何与他人相处。我们希望学生学习的主要课程之一是如何识别问题、分析问题、解决问题。要做到这一点，学生需要面对各种各样的挑战，包括学术上的、社交上的和情感上的——老师需要为他们配备合适的工具来应对挑战。我们的目的是，通过这本书，为教师提供一个策略工具箱，帮助学生发展成为有能力的、能够面对各种问题的解决者。

在很多情况下，学校只通过特定的项目为学生提供 SEL 机会，有证据表明，即使是辅助性项目也可以帮助学生发展必要的技能（Harrington，Giles，Hoyle，Feeney，& Yungbluth，2001）。在其他情况下，SEL 是课后指导和干预的重点，这也有助于学生发展他们的技能（Durlak，Weissberg，& Pachan，2010）。然而，学校所需要的，是扩大 SEL 项目进入课堂的来源，使之成为学校自身结构的重要组成，这也是当前不太常见的做法。SEL 要想产生持久的影响，就需要融入学术主流，而不是停留在边缘。

我们相信，课堂教师在 SEL 整合的过程中至关重要，他们是否有意识地培养学生的社交与情感技能是成败的关键。在某种程度上，我们这样说是因为教师已经通过隐性课程与学生一起参与了这种类型的学习。但我们这么说，也是因为还有太多的学生需要学习这些技能才能成功。为了促进 SEL

项目的整合，我们在本书的附录中收录了一些用于社交与情感学习的文学作品资源。真实的需求和 SEL 缺失所带来的问题，让我们有机会在学校运用 SEL 项目中引入的新思路。本书前面各章节中的许多小插图，也展示了教师如何使用叙事和知识文本作为有价值的 SEL 教学的跳板。

对 213 个 SEL 项目开展元分析（涉及 270034 名 K-12 各年级学生）后，杜拉克及其同事发现（Durlak et al., 2011）课堂教师是有效实施 SEL 的关键因素。事实上，在所有六个因素的研究中，教师实施的结果都具有统计学意义：

◎社交与情感技能（Social and emotional skills，效应量 =0.62）。该部分的重点是"从社会线索、目标设定、观点把握、人际问题解决、冲突解决和决策中识别情感"（p.6）。

◎对待自己和他人的态度（Attitudes toward self and others，效应量 =0.23）。这部分包括"自我认知（如自尊、自我概念和自我效能），学校关系（如对学校和教师的态度），以及对暴力、帮助他人、社会正义和吸毒等问题的传统观念（即友善交往观念）"（p.6）。

◎积极的社交行为（Positive social behavior，效应量 =0.26）。这一类别侧重于"与他人相处"（p.6）。

◎行为问题（Conduct problems，效应量 =0.20）。这一类别包括一系列有问题的行为，如"破坏性课堂行为，不服从、侵犯、欺凌、停课和犯罪行为"（p.7）。

◎情感抑郁（Emotional distress，效应量 =0.25）。这一类别关注的是内化的心理健康问题，包括"抑郁、焦虑、压力或社交恐惧"（p.7）。

◎学业表现（Academic performance，效应量 =0.34）。这一类别包括"标准化阅读或数学成绩测试分数"以及特定班级的成绩（p.7）。

效应量是一种度量效果大小的方法，即针对所实施的措施，研究其影响实现的增益。与学习结果相关的教育"影响"的平均效应量为 0.40（Hattie, 2009），作为教育者，我们通常关注"高于平均水平"的教学行为、教学策略或教学实践。例如，课堂讨论的效果大小为 0.82（Hattie，2009），它在教学实践中得到广泛好评和关注；另一方面，年级平均达标率，由于其负面影响（−0.13）受到批评和抛弃。

当老师教授学生社交与情感技能时，学生学习掌握这些技能（效应量为 0.62）。该数字是有道理的，因为教授社交与情感技能会直接影响学生使用这些技能的能力。但是，有意识的 SEL 也会间接影响学生生活的其他方面——积极地影响态度、社交行为、开展行动、心理状态和学业成绩。按照 0.40 的平均标准，培养学生的社交与情感技能是值得花时间的。然而，正如哈蒂（Hattie）自己所指出的那样，某一特定影响的效应量小于 0.40，并不意味着它不值得关注。他把研究重点放在作为成果的学术学习上，但也承认学校教育可以产生其他非常有价值的结果。我们也同意这一观点。

例如，如果老师可以帮助学生解决他们的心理健康问题，这是值得花费时间的。有一名学生叫阿曼达（Amanda），我们发现她性格孤僻，经常焦虑不安。她几乎没有朋友，拒绝参加任何社交活动。她每周看两次心理医生，接受学校辅导员的三次咨询服务。这些专业人士都在帮助阿曼达处理她的焦虑和社交恐惧问题。我们并不是建议教师可以取代心理健康专家。然而，当阿曼达的中学老师听取专业人士的建议，开始将 SEL 融入她们的课程中，在课堂上自然地解决其需求时，阿曼达取得了很大的进步。她开始在英语课上发言，完成科学小组项目，参加学校舞会（事后她在反思中写道，她开始"喜欢和其他孩子在一起，喜欢有人说话"）。

同样的，有哪位老师不希望看到问题行为减少呢？即使某些措施不在 0.40 的效应水平之上，就不采用吗？对于我们大多数人来说，我们都愿意看到杜拉克及其同事（Durlak et al.，2011）所描述的行为类型逐渐减少。不是简单地处理行为的后果，而是教学生如何管理他们的行为，从长远来看，极有好处。我们想起了亚历克斯（Alex），一个年轻人，他似乎总是无所事事，喜欢捣乱。他受过很长一段时间的惩罚，以至于他的母亲告诉他的中学老师："老师，我不想你再给我打电话了。让他先停课回家吧，我慢慢收拾他。"和老师一样，她对亚历克斯也感到十分失望。

然而，亚历克斯上高中后，遇到了一些老师。这些老师习惯了长期进行社交技能干预，不允许亚历克斯的行为影响班级。因此，每一位高中老师都和亚历克斯谈论他的行为对班级的影响。他们建立多个讨论组，让学生讨论学校环境，并发表意见（在刚开始的几个月里，亚历克斯对班上其他同学的影响是讨论组的主要主题，但同时也涉及其他讨论主题）。亚历克斯的老师们也会让学生参与讨论文学作品中的特定角色，这些角色通常面临欺凌问题，或者讨论有捣乱行为的同学。老师们设定了明确的期望，并为学生提供了实践机会以达到期望的目标，具体实践包括降低说话音量、商定进入课堂的方式，以及被打扰时该做什么。

到了九年级中期，亚历克斯不再拖年级平均成绩的后腿。当我们问道有哪些改变时，亚历克斯说道："是的，我还是会被老师注意，只是他们用另一种方式关注我。我喜欢这里的老师，我不希望给他们的工作带来麻烦。"到了十年级，亚历克斯已经能够在课堂上集中注意力，积极参与学习，虽然他还是在一段时间内遇到了困难。那是女朋友和他分手后的一段时间，他在课堂上的行为变得不可接受。但是，英语老师没有简单地评价"这孩子有什么毛病"，而是认真进行分析："这个孩子遇到了什么事导致他这样做？"亚历克斯告知老师他的心碎经历，他们一起制订了学习计划。

到了十一年级，没有人相信亚历克斯曾经有过错误、捣乱和无礼的行为。他有不少朋友，并有一份中意的兼职工作。他在参加警察实习生项目时说道："这就是我回报学校的方式。"亚历克斯的妈妈也注意到，他在家里的行为发生了变化："他过去经常和妹妹吵架。现在不一样了，和周围邻居相处得都很好，很受欢迎。他一定能上大学，那时候我会想念他的。"

这个故事的寓意是什么？某一特定教学实践的影响低于0.40，并不意味着该方法或策略不值得关注。

五、社交与情感学习和公平

重要的是，要强调社交与情感学习不仅仅是培养那些对他人友善、在课堂上合作、热心公益的孩子。SEL 也是一个教育公平问题。

在复杂社会环境中成长需要沟通和自我管理技能，有一些学生缺乏这些技能，很容易成为受害者或犯罪者（有时两者兼而有之）。这些学生经常被边缘化，生活在学校和社区的边缘地带，忍受着怜悯、羞愧、侮辱和惩罚。对于学校来说，重要的是要系统开展学生的社交与情感技能培养工作，这样他们才可以在一天中、放学后的家里以及以后的生活中，持有、练习和使用这些技能。

我们听到过这样的抱怨，一些学生行为失范的原因主要在于那些教育工作者无法控制的因素。可以肯定的是，贫穷、匮乏、忽视和虐待都会影响孩子的学习能力。但无法消除这些因素不能成为我们无所作为的借口。我们可以承认这些因素的现实存在，并同时积极采取行动加以抵消。我们也听到了一些人的担忧，他们说这本书中涉及的一些技能并没有反映出儿童的家庭和社区环境。他们极力质疑，作为教育工作者，并没有权力要求学生做出在家中可能不受重视的事情。

这里有一个例子。在作者工作的学校，一名中学生走进一个课堂，喊出了一个有明显种族歧视意味的侮辱性绰号。当老师问及这个事件时，学生声称他可以在家使用这个词。接下来，应对这一事件需要开展很多工作，包括与学生家长的会面，为非裔美国教职工和学生召开几次道歉会，包括该学生尊敬的一些教职工、学生所在班级的教师和同学需要参会。但事件发生后，老师与学生的第一次对话是这样的：你有能力根据环境来辨别自己的行为。例如，一个人在宗教场所表现出来的行为与观看体育赛事中表现出来的行为是不同的。一个 11 岁的男孩，在这一成长阶段，完全有能力区分家庭和学校的不同要求。

一所学校，如果能将 SEL 融入其学术学习、政策和教学规程中，其成功肯定不是偶然的。学校的领导、工作人员和学生家庭需要共同努力创造这些条件。这些教育利益相关者面临着表面之下的深层次问题。他们需要积极响应，将 SEL 融入学术内容和社会情境中。只有当学校里的教育者自己具备相关能力时，才有可能完成这项工作，从而迎接 SEL 的众多挑战。

六、社交与情感学习集成框架

重申一下，如果我们希望学生学习，如果我们愿意尽一切努力帮助他们学习，如果我们认为合理的学习目标不仅仅是掌握核心学术领域的知识内容，那么就必须有意识地将 SEL 融入课堂中。

关于特定 SEL 课程和商业课程的优点，学界已经开展了很多有价值的讨论，并将继续进行下去，但本书的意图是解决一个超越细节的问题。我们相信关于 SEL 最重要的问题不是使用哪个项目课程，而是要问老师如何将 SEL 的原则融入课程中。

我们集成 SEL 的方法聚焦于在教学第一层次（Tier 1）开展，这是教学的核心部分，也是每个学生每天都能接触到的年级课程。是的，总会有学生需要更多的强化干预，包括那些经历过创伤、有严重残疾或有精神健康问题的学生。这些学生需要适当的干预乃至专家诊断，这些问题一般通过第二层次（Tier 2）和第三层次（Tier 3）的支持来解决。

这本书中，我们提供了课堂案例、工具和策略，你（或班内其他教师）可以有意识地用来指导学生的社交能力和情感力发展。我们认为，将 SEL 融入学术主流学习是非常必要的。此外，我们试图打破开展 SEL 的常规方法，比如一些学校会每周单独上一次 SEL 课程，但几乎没有后续教学。无论是使用商业开发课程项目还是自己开发的课程资源，都需要利用各类学术学习的优势来集成 SEL 方法。本书中，我们还将讨论为开展和维持有意义的 SEL，学校必须作出哪些重要决策。

我们已经将 SEL 框架下包含的"大概念（big ideas）"分成五个大类（参见图 1.1），接下来的章节将依次讨论，并更深入地探究这五大类内容。

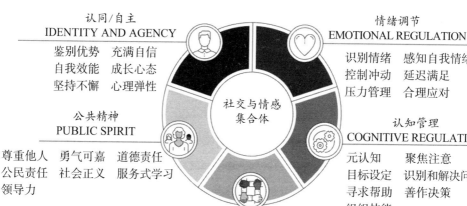

认同/自主
IDENTITY AND AGENCY
鉴别优势　充满自信
自我效能　成长心态
坚持不懈　心理弹性

公共精神
PUBLIC SPIRIT
尊重他人　勇气可嘉　道德责任
公民责任　社会正义　服务式学习
领导力

社交与情感
集合体

情绪调节
EMOTIONAL REGULATION
识别情绪　感知自我情绪
控制冲动　延迟满足
压力管理　合理应对

认知管理
COGNITIVE REGULATION
元认知　　聚焦注意
目标设定　识别和解决问题
寻求帮助　善作决策
组织技能

社交技能
SOCIAL SKILLS
友善交往　彼此分享
团队合作　建立关系
善于沟通　同理共情
修复关系

图 1.1　社会交往与情感学习（SEL）集成图

认同 / 自主（Identity and Agency）

儿童和青少年的身份认同感会受到无数因素的影响，包括校内和校外的经历。他们的自主性，即相信自己有能力影响周围的世界，在本质上也是由认同感决定的。影响年轻人的认同感和自主性的因素包括：

◎认识自己的优势。

◎勇于尝试新事物的自信。

◎自我效能，或对自己的信心。

◎一种由坚持不懈的品质所推动的成长心态。

◎从挫折中恢复过来的心理弹性。

情绪调节（Emotional Regulation）

成年人和同龄人根据学生控制情绪的能力来判断他们。那些难以控制自己情绪的人可能难以发展和维持与他人的健康关系。对情绪调节有积极作用的技能包括：

◎能够识别和描述情绪。

◎准确感知自己的情绪状态是识别他人情绪的第一步。

◎学会控制冲动和延迟满足。

◎认识和管理压力感。

◎运用适应性应对技巧。

认知管理（Cognitive Regulation）

学习不是被动的。获得知识和技能要求学生养成一定的习惯和性情。这类SEL，与我们每天所做的学术指导有着最密切的联系，包括学生以下各方面技能：

◎元认知。

◎保持注意力。

◎目标设定与监控完成。

◎识别和解决问题。

◎善作决策。

◎寻求帮助。

◎保持组织有序。

社交技能（Social Skills）

高质量的人际关系能够促进高效和积极的合作，这是学校内外有效互动的基础。学生需要有培养、维持和修复人际关系的工具，这需要大量的成人指导。特别是，学生需要在以下方面接受教导，并拥有实践机会：

◎友善交往，比如分享与团队合作。

◎建立关系。

◎有效沟通。

◎发展并表达同理共情心。

◎修复关系。

公共精神（Public Spirit）

公共精神，是我们的 SEL 集成模型的最后一个方面。它是民主生活方式的基础，对于创建和维持一个互相尊重与地位平等的社会结构至关重要。我们可以看到，人们对社区的贡献和管理中体现了公共精神。有助于培养学生公共精神的主要概念包括：

◎尊重他人。

◎勇气可嘉。

◎理解自己的道德责任。

◎认识到自己的公民责任。

◎通过社会正义工作，改善他人的物质生活。

◎服务式学习。

◎领导力。

本章重点

所有的学习都具备社交性和情感性，SEL 集成模型中涉及的技能一直都是教育者工作的一部分，尽管常常是无意的，也只是学校隐性课程的一部分。教师的行为方式、所说的话、表达的价值观、选择的材料以及优先考虑的技能，都影响着课堂上的儿童和青少年如何思考、如何看待自己、如何与他人互动以及如何在这个世界上表达自己。他们的社交与情感发展十分重要，不能成为一种附加的或事后的想法，不能任其发展。

我们呼吁教师和学校领导不仅在学业上支持每一个孩子的成长，而且要有意识地在社交与情感发展上给予支持。教师需要与学生所在的家庭和社区一起，帮助他们实现自己的愿望，并以积极的方式为社会作出贡献。

Strength recognition | Self-confidence
Self-efficacy | Growth mindset
Perseverance and grit | Resiliency

第二章 认同 / 自主

塞内达（Senaida）有一道数学题要解——一道很复杂的数学题，里面有各种各样的单词、数字和符号。她以前遇到过类似的情况。她的老师罗兰多·克鲁兹（Rolando Cruz）经常布置大量的数学作业让学生进行复杂的思考。他认为，培养学生坚持完成任务的能力很重要，这有助于培养他们的自主性。他还希望每一名学生都能培养出一种作为学习者的自我效能感；如果自我效能继续在其他课程中予以强化，学生将能够发展出一种终身受益的生活技能。

塞内达花了一点时间，看了看摆在面前的高难度问题。她把纸翻过来，面朝下放在桌上，然后闭上眼睛，深吸一口气。当她睁开眼睛的时候，把纸又翻过来，又读了一遍问题。和克鲁兹老师的其他学生一样，她学会了出声思考，这样同学和老师就可以在她需要的时候提供帮助。塞内达轻轻地说："当我读到这道题目的时候，我感到压力很大。我觉得自己有点焦虑，觉得自己无法解决这个问题。"她停了一会儿，又深吸了一口气，"然后我想我会失败，然后我想到了在班级里丢脸……还有我妈妈会对我失望。"

听到她的声音，安东尼（Anthony）俯下身说："把题目藏在你的书下面一分钟，试着想象一下任务要求你做什么。想想这个问题到底在考什么知识。"

塞内达按照建议做了。她把试题藏在数学书下面，又闭上了眼睛。她把食指指向太阳穴，这是克鲁兹教学生向他表示，他们正在深入思考，老师现在还不需要提供帮助。

塞内达睁开眼睛，说道："我想我需要先算出泳池的周长。如果我知道这个，我就能算出泳池有多少步行道，然后就能算出需要多少空间建游泳池。"塞内达从书底下取出她的试题，又读了一遍。这一次，她强调并圈出文本中的特定行，并做了一些边缘注释，记录自己的想法。然后，她画了一个模型，并开始标记模型的各个部件。几分钟后，塞内达抬起头对安东尼说："谢谢。我的确需要你的提醒，你让我明白自己知道什么，能做什么。"

一个人的自我认同和自主性是其情感生活的基础。作为人类，我们如何看待自己，我们是否相信自己有能力应对眼前的世界，都会影响生活中的每一刻。

认同与自主可以是相对稳定的，也可以是不稳定的；它们可能是积极的，也可能是消极的。情境、环境以及（正如塞内达意识到的）我们周围的人和面临的挑战影响着认同与自主。学生的认同与自主是由教育者的言语和行为塑造的（无论是否是有意的）。作为教育者，关注学生认同与自主性的发展是有益的，这是他们学习和取得成就的基础。不自信的孩子不太可能在智力上冒险。缺乏自主意识的学生无法理解可以做些什么来改变自己的学习轨迹。在每个学生的认同与自主性上的投资会在学术和技艺上得到回报。

一、认同／自主的定义

我们每个人都有一个自我概念，对自己应对这个世界的能力也有一套相关信念。认同旨在理解我们是谁——我们的属性、我们看待自己与他人关系的方式、我们感知到的才能，以及我们对自己缺点的认识。认同是向着世界和自己描述自我。自主描述是依靠自身自主行动的能力。当我们面对负面事件时，我们对自主的信念会影响信心，并有助于发展心理弹性。认同和自主都受到各种固定与流动结构的影响，包括性别、种族、性取向、经历、文化和社会经济地位等。

如前所述，认同不是静态的，它在人的一生中不断地塑造和重新定义着。就像我们讲述自己经历的故事一样，经历可以对一个人的自我认同产生深远的影响。思考一下，用词的变化可能会如何改变经历创伤者处理事情的方式：他们是被虐待的受害者，还是被虐待的幸存者？通过与他人的互动，认同可以得到进一步的理解。我们通过别人对我们的镜像来构建自我的概念。我们观察别人对自己的反应，倾听他们用什么语言来描述自己。家庭和同伴影响认同的形成，学校的经历也产生同样的影响。

教师的言行与学生认同的形成有很大关系。约翰斯顿（Johnston，2004）指出，"教师的意见会影响学生，并推动他们走向富有成效的自我认同"（p.23）。即使是无意之间，我们也会对孩子的自我认同产生负面影响。我们观察到一位一年级的老师正在为学生演示一个在线阅读练习系统，该系统能够评估学生的阅读能力，然后根据当前的表现水平分配阅读任务（使用字母来给读者分级）。应用这些程序，教师可以开展分布式阅读教学实践。然而，在向学生展示如何完成任务时，老师登录了班上阅读水平最低的学生的账号。这个小女孩的阅读水平，投影在她名字旁边的屏幕上，显示她在 B 级。班里的其他同学开始窃窃私语："她真的只有 B 级吗？""水平真的很低。我水平中等都比 B 强，她水平只有 B，真是很糟糕。"显示阅读水平的这个孩子数周后拒绝登录系统练习阅读。不幸的是，老师的行为引发了一种新的身份认同——"我不善阅读，每个人都知道了"——并破坏了孩子与同学之间的关系。

自主必然与认同联系在一起，因为自主描述了一个人采取行动并塑造自身命运的能力。和认同一样，自主性也是由社会建构的。一个年轻人的家庭、朋友、学校和社区组成的社会网络，即社交资本，影响着他或她的自主意识。拥有强大社交资本的学生容易获得自主性，因为人际关系网络让他们在情感和心理上感到安全；这种安全感让他们感到足够舒服，可以在课堂上尝试一些经过计算的风险和新事物，比如解决问题和测试解决方案。但社交资本较弱的学生感到不那么安全。他们可能会做出冒险的行为（比如猜测），或者在应该行动的时候却没有行动，因为他们感到孤独、毫无遮掩。只有有限自主性的学生会表现出来这种情况。他们可能会变得麻木不仁、愤愤不平、迁怒他人，甚至大发雷霆。好消息是，教师可以明确告知学生该如何采取行动并取得成果，由此引导学生产生更强的自主性。

以德鲁（Drew）为例，他是一名九年级的学生，在学业上不如同学熟练，而且已经习惯了将自己与他人进行负面比较。他不认为自己聪明或有能力，因此一段时间里，在课堂上面临挑战时，他很轻易就会放弃。这种行为在一些老师看来是德鲁"懒惰、没有动力"的表现，这是他八年级英语老师在成绩单上写的评语。但是，当德鲁进入一所新学校后，情况发生了变化。这所学校将社交与情感学习融入了课堂，而像卢兹·阿维拉（Luz Avila）这样的老师会认真对待这一职责。

阿维拉女士教英语课。当德鲁读到她下发的关于乔治·奥威尔《动物庄园》（*Animal Farm*）前几章的写作提示时，他低下了头。阿维拉注意到了，当她向德鲁询问原因时，他很诚实。"太难了，"他平静地说，"我正在读这本书，读书还好。但我不知道'矛盾'是什么，甚至不知道这个词是什么意思。我不知道奥威尔想说什么，我也不想搞清楚。我会失败的，我每次都会失败。"

阿维拉知道，挑战性的任务可能会引发学生的身份认同和自主行为障碍，于是她和德鲁开始了友好的对话，问了他几个关于课文的问题：

◎在第一章和第六章之间，动物有哪些变化？

◎拿破仑（Napoleon）是如何变得更强大的？

◎为什么拿破仑要告诉其他动物，风车的倒塌是斯诺鲍（Snowball）造成的？

◎为什么拿破仑让狗看守斯诺鲍？

所有这些问题德鲁都给出了答案，而且他似乎很享受这次谈话。阿维拉女士指出："根据你的答案，我知道你已经非常熟悉这本书。关于独裁者是如何形成的，你有自己的观点，也非常有趣。正如你所说，事情发生得很慢，更多的动物不得不向拿破仑寻求答案。"她建议德鲁将这些知识应用到撰写问题的答案中。"如果我们把问题拆开，对一起完成任务会有帮助吗？"

她问道。在那一刻，阿维拉从仅在学术上支持德鲁，转向同时在学术和情感上支持他。德鲁承认他真正想知道的是矛盾这个词的意思。"我想当我读到这个词的时候，我陷入了尴尬，不知道它的含义，让我觉得自己又要做错了。"

是的，这是真的。问题中一个单词的意思不明白，即使是这么小的细节，也会让一个缺乏自主性的学生停下来。但是，当德鲁此类学生的自主性受到打击时，与他们交谈，仔细倾听，可以帮助你向他们展示如何重新开始。

二、鉴别优势

几乎没有任何证据表明学习偏好或学习风格清单有效（Peterson & Meissel，2015）。了解学生是动觉型学习者还是听觉型学习者，会帮助教师更好地施教，或是当教学与这些风格相一致时，学生可能会学到更多的知识，这些观点也都没有实验证据证明。那么，当建议教师帮助学生认识自己的优势时，我们的目的是什么呢？

这里有一个简单的测试，我们喜欢用它来检测学生。要做的第一件事就是让学生想出一个特定的主题，当他们选定该主题的时候，我们会问："这个主题的哪个部分你最讨厌？"（有时会更含蓄地问他们哪里"表现不佳"。）测试中，几乎所有学生都能够提供一长串的学习挫折和失败清单。随后我们会问："在同一门学科中，你的强项是什么？"相对而言，得到的回答要少得多。通常，学生只会茫然地盯着老师。

四年级的艾伦（Aaron）是众多例子中的一个。艾伦提供了一长串数学科目中表现不佳的领域。他说："我搞不懂数学。乘法表不太会，分数也不是很好。我经常做错。我爸爸很沮丧。"当我们问艾伦数学科目的强项时，他耸了耸肩："就像我说的，我不擅长数学，但我会玩《我的世界》。"（译者注：一种创造生存类游戏，玩家可以在一个三维世界里用各种方块建造建筑物。）

学生能够如此容易地指出自己的缺点，这并不奇怪。作为老师（家长），我们往往关注的是缺点、学习上的差距和不足。我们不断寻找需要介入的地方，或可以提供帮助的地方。由于我们想让学生明白，失败是一个学习的机会，所以倾向于强调可以引导他们走向新学习的错误。但为了支持发展积极的认同和自主性，我们也应该强调学生的优势，并让他们有机会展示自己所有已掌握的能力。

通过反馈方法，我们可以做到这一点。当哈蒂和廷珀利（Hattie & Timperley，2007）开展相关研究时，他们注意到，教师（以及家长和同龄人）可能会采用四种类型的反馈：

◎矫正反馈，对任务本身的反馈（即回答的准确性）。由于显而易见的原因，这对于帮助学生识别自己的优势并不是很有效。

◎过程反馈，对学生完成任务的方式的反馈。这种类型的反馈对于帮助学生认识自己的优点，包括努力、策略选择、专注、毅力和进步等，是一个很好的选择。这也是一种非常有效的方式，可以用于处理与认同相关的挑战，这种挑战经常被说成"我就是不擅长这个"。

◎自我管理反馈，关注学生在特定情况下管理情绪和行为的能力。这种类型的反馈是帮助学生认识自己优势的另一个好选择。习惯性承认他们的行为、选择和回答，可以增强他们的主动性。

◎个人反馈，注重对个人性格特点的赞扬。这种类型的反馈很少有效，尤其是当它是笼统赞扬的时候，如"你总是做得很好"或"你很聪明"。虽然我们不想反对表扬，但它不应该与反馈相混淆。与反馈不同，表扬不能给学生指明下一步该做什么，也不能告诉他们为什么他或她做的某件事是成功的。

请注意，这四种类型的反馈都可以，也应该用于学科学习中。我们在这里想强调的是，在正确的环境中合理使用反馈，是将学生的社交与情感技能发展集成到现有教学中的一种好方法。表 2.1 提供了四种反馈类型的示例，针对各种相关的社交与情感学习以及学科内容教学情境，总结了各种反馈的有效性。

表 2.1　四种反馈及其有效性

反馈类型	案　例	有效性
关于任务 （矫正反馈）	"你需要坐在椅子上，把书准备好。" "是的，你需要和伙伴一起分享。"	能够有效解决知识学习中的错误，但无法解决学习者缺乏知识或技能的问题。对行为矫正无效。
关于完成任务 的过程	"我注意到你专注于完成这个任务，12 分钟都没有放弃或分心。" "你有没有注意到当你练习主动倾听策略时，你学到了多少？"	非常有效，它指明了学习者正在使用或应该使用的认知策略和元认知策略。
关于自我管理	"我看到你对自己的团队很失望，但你给了他们反馈，这似乎能让每个人回到正轨。" "你对自己在科学实验室里提出的想法感到非常兴奋。我也看到你在团队成员分享想法时有所收敛。即使你比别人懂得多，你也没有支配别人。这样也给了别人时间去弄清楚。"	非常有效，它帮助学习者评估自己的能力、行动和知识。
关于个人	"做得好。" "你真是个好孩子。"	无效，因为它不能生成与特定任务相关的信息。

除了反馈之外，还有很多方法可以帮助学生发现自己的长处。例如，詹妮弗·埃雷拉（Jennifer Herrera）在一年级的课堂上，让学生轮流做许多不同的课堂工作，比如材料经理、桌长、技术支持、午餐服务员等等。在学生轮岗三周后，她会进行谈话，找出他们学习表现中特别成功的方面。正如埃雷拉女士告诉我们的："我想让学生知道，有些事情他们真的很棒，有些事情他们还需要继续努力改善。我准备让他们在自己的岗位上待上几个星期，确保能够真正理解这个角色。但我也想帮助他们，在未来能够找到自己的方向并为之努力。"

迈克尔·佩雷斯（Michael Perez）也致力于帮助他的学生发现各自的长处。对这些六年级学生的每一项主要作业，他都会列出一份优势清单（从他的 20 个项目的总清单中选择），学生可以在学习过程中练习或展示这些优势。例如，在研究古代中国对世界的贡献课程中，他提出了包括以下自我评价的陈述：

◎我会帮助同伴但不会直接告诉他们答案。

◎我会有效地总结阅读材料。

◎我会记录时间以便小组能完成任务。

◎我会用强有力的方法来说明观点和概念。

◎我会遵守老师的指导，并向同学解释这些指导。

◎我会确保每个人都有机会在组内发言。

请注意他是如何精心设计这些陈述的，确保它能够帮助学生发展认同感，特别是培养自主性。佩雷斯还要求学生找出各自希望发展的优势领域，并与他们单独合作，为增强优势制订计划。这些成功标准不仅为学生提供了学术目标，而且赋予学生追求和实现这些目标的能力。

九年级英语教师尹勇俊（Joon Yi）设计了一份单元测评表，在表格最后留有一页，专门要求学生填写：关于本学习单元，我还知道老师在考试中没有考到的一些知识。学生可以自由写上任何与该单元相关的内容，并有可能获得附加分数计入考试成绩。"这些回答经常会让我很惊讶，答案显示出学生对这些概念有着深刻理解，并能够与其他概念建立复杂的联系。"他总结道。尹老师的学生展示对学业内容的掌握程度，不仅获得了额外分数，更能够从中受益。尹老师则利用学生提供的材料，不断成长为更好的老师。

三、充满自信

诗人爱德华·埃斯特林·卡明斯（E.E. Cummings）有句诗广为流传，"只有相信自己，才会勇于探险，探险的征程中，满足你的好奇心，添补你的求知欲，追逐内心喜乐，展现人性光辉"。学生只有相信自己，才能真正参与学习；反过来说，教师只有帮助学生培养自信心，才能开展教学。

撰写本书时有人提醒我们，有一些学生——就像某个名为艾哈迈德（Ahmed）的高中生——似乎并不缺乏自信。有人说艾哈迈德傲慢自大，也有人对他不屑一顾，因为他总是滔滔不绝地诉说自己的本事。事实上，艾哈迈德对自己的能力过于自信，这也对他的学习产生了不良影响。他轻视别人，甚至包括老师。他花在学习上的时间比他的同学少，而且似乎没有学习的动力。艾哈迈德过度自信的后果与邓洛斯基和罗森（Dunlosky & Rawson，2012）的发现一致，他们的报告提出，过于自信的学生之所以成绩较低，是因为他们不愿接受他人的观点。

此外，自信不足的学习者则怀疑自己是否拥有能力、毅力等内在潜质，在完成任务时，会对教师指导等外在资源的有效性提出质疑（Stirin，Ganzach，Pazy，& Eden，2012）。自信是通过外在行为表现出来的（参见表2.2）。真正自信的人不觉得有必要告诉别人自己的成就。他们也愿意随时随地承认错误，因为他们知道错误是宝贵的学习经验。自信的人能接受别人的赞美，不会轻视别人对他们的认可，能准确地认识到帮助他们实现目标的内部和外部资源。

表 2.2　自信行为

自信行为	相关的缺乏自信的行为
做认为正确的事，即使别人为此取笑或批评你。	因为会担心别人怎么想，所以才会以某种方式行事。
愿意承担合理的风险，努力实现更好的目标。	待在舒适区，害怕失败，避免风险。
承认错误并从中吸取教训。	努力掩盖错误，希望能在别人注意到之前解决问题。

自信行为	相关的缺乏自信的行为
等待别人祝贺你的成就。	抓住一切机会尽可能多的告诉别人自己的成功。
优雅地接受赞美（"谢谢，我真的很努力地写那篇文章。我很高兴你认可我的努力。"）	不客气地忽视别人的赞美（"哦，那篇文章什么都不是，真的，任何人都可以写出来。"）

资料来源：得到思维利器授权并改编自《建立自信：为成功作好准备！》（*Building Self-Confidence: Preparing Yourself for Success!* by MindTools），网址：https://www.mindtools.com/selfconf.html。

自信与心理弹性有关，心理弹性本身是处理情感虐待、压力和创伤的保护性因素（Ungar，2008）。儿童和青少年是一个国家的第一代公民，他们也需要利用自信在家庭和学校的跨文化环境中寻找自己的方向（Ungar et al.，2007）。

自信从何而来，这是一个值得思考的问题。有些自信是因人而异的（person-specific），但自信也是因领域而异的（domain-specific）。因领域而异意味着自信会因任务而异，就是说错误的表扬，即超越实际水平的过度表扬，并不能建立起促进学习的自信。另一方面，有效的教师反馈（见表2.1）和适当结构化的学习任务，比如微技能课程（Macgowan & Wong，2017），可以针对内部和外部资源，帮助学生准确地校准自信。有证据表明，支持学习同伴也能带来更好的自信（Lee，Ybarra，Gonzalez，& Ellsworth，2018）。

麦哲伦（Maclellan，2014）曾回顾关于教师培养学习者自信心的研究文献，他推荐教师开展以下工作：

◎鼓励学生参与为融入社交活动设计的学习活动，发展自我概念、促进知识发展。

◎计划一些活动，让学生解释他们的推理，并就各自的论据进行辩论。

◎在所有课程中嵌入自我管理和元认知活动（见第四章）。

◎与学生进行对话式反馈（p.68）。

依兰·拉莫斯（Elan Ramos）老师在课堂墙上挂着埃莉诺·罗斯福（Eleanor Roosevelt）的名言："没有你的同意，没有人能使你自卑。"拉莫斯老师经常在学生参与复杂的任务或相互提供反馈之前引用这句话。他还经常把自信作为课程的内容之一。例如，我们观察到一场课堂讨论，他邀请学生谈论演讲时如何保持专注和冷静。"演讲需要的技巧不是每天能用到的，"他告诉学生，"让我们列一张清单，看看能做些什么来保持冷静和自信。"这是一项直接的、需要经过深思熟虑的工作，目的是解决学生成功所需的自信问题。拉莫斯的团队还在继续寻找相关策略，希望在学生感到信心受到损害时可以帮助他们。

想要将 SEL 融入日常教学，我们有必要开展监控学生信心水平的工作，有必要注意使用的语言（这样你就不会无意中破坏学生的信心），（像拉莫斯老师那样）为学生提供可以用来建立和保持自信的策略。

四、自我效能

自我效能主要衡量一个人是否坚信自己具备（自主地）采取行动、完成任务、达成目标的能力（Bandura，2001）。自我效能影响自信，反过来又受到个人能力的影响。要理解自我效能感对学习的影响，首先需要面对一个难点：它是一条双向通道。正如塔拉等人所说（Talsma，Schüz，Schwarzer，and Norris，2018），这是一个"先有鸡还是先有蛋"的问题："我相信，所以我才能成功；我成功了，所以我才会相信"（p.37）。第二种观点本质是认为个人外在表现会影响内心信念，因此开展掌握学习（mastery learning，即为学而学）、设定个人目标（见第四章）可以在课堂里发展学生的自我效能。掌握学习导向减少了与他人进行社会比较的必要，有利于学生增强自信。

为了促进学习和达成教学目标，教师该如何提升学生的自信呢？自我效能感的一个重要因素，是相信任务在自己的能力范围之内。迈向这一信念的重要一步，是看到别人能够成功地完成该任务——尤其是和你类似的人也能完成。因此，汇编学生成功完成各种任务的简短视频片段，并突出成功的关键，不仅有助于完成短期任务，对自我效能的长期发展也能提供非常有效的支持。例如，一位三年级教师在帮助本班学生建立信心，让他们相信自己有能力掌握乘法。老师可以分享上一届学生的课堂作业或学习反思记录，告诉他们学长是如何取得进步的，他们自己可以做些什么取得同样的进步。物理老师可能会在物理实验室的墙上挂上学生团队的照片，展示这些团队如何用他们的创新能力，一步一步地建造并反复完善微型太阳能飞行器。

你也可以用文学作品帮助学生建立自我效能，如选择那些传达自我信念的书籍让学生阅读。像《奇异恩典》（*Amazing Grace*）（Hoffman，1991；小学读物）和《长颈鹿不会跳舞》（*Giraffes Can't Dance*）（Andreae，2012；学龄前儿童读物）等书，都描述了一些高度自信的角色，他们能够拒绝接受别人对自己能力评价的僵化看法。年长的学生可以在《吾栖之肤》（*The Skin I'm in*）（Flake，2007）等作品中看到自我效能的展现。这部电影中，女主人公与欺凌弱小和种族歧视作斗争，并找到了自己的人生理念。

老师对语言的精心运用也有助于建立学生的自我效能。高中数学老师弗里达·戈麦斯（Frida Gomez）注意到，对于学生来说，她的课堂上有很多概念都是智力上的挑战。"在数学课上，班级里有些孩子的自我效能很低。如果我听到他们说没办法完成任务，我总是会告诉他们，'你的意思是你暂时还做不到这件事。所以你只是还需要我的一点帮助'。"最后学生大多能够进一步主动采取行动、完成任务。"你看，这就是暂时这个词的威力。"戈麦斯最后总结道。

五、成长心态

在最基本的层面上，心态是指一个人对一项任务的态度。例如对于运动，我们都持有自己的心态。对一些人来说，运动是必要的；对另一些人来说，运动是生活中不可分割的一部分；而对其他人来说，运动是要不惜一切代价避免的。我们的行为根植于心态。对于那些认为运动是不可避免的灾难的人来说，运动并没有多少乐趣，但任务还是需要完成。对于那些把运动看作是不可分割的一部分的人来说，运动是人生计划之一，是令人愉快的。有"运动是必要的"心态的人，也更有可能谈论自己的运动目标和成功。

在课堂上，心态应用于学习时，它是一种认同、自主和自我效能的表达。卡罗尔·德威克 2006 年最畅销的作品《心态》(*Mindset*)向许多教育工作者介绍了固化心态和成长心态的概念。根据德威克的研究，有固化心态的人相信，他们的基本品质，包括智力和才能，都是不变的并且是不可变的特征。他们认为只有天赋才能创造成功，因此低估了掌握新事物所付出的努力。对他们来说，要么"得到"，要么"得不到"——当得不到时（不管具体对象是什么），他们就会放弃。有固化心态的人会带着怀疑和疑问来处理问题，比如"我会成功还是失败？我看起来是聪明还是愚蠢？我会被接受还是被拒绝？我看起来像赢家还是输家？"(Carol Dweck，2006，p.6)。这些自我怀疑的问题与自信纠缠在一起，植根于社会比较的基础之上。

另一方面（参见图 2.1），具有成长心态的人相信，他们的基本能力可以通过集中的努力、奉献和勤奋来培养。他们坚持不懈，认为失败是暂时的，是可以征服的，失败并不是自己聪明才智的反映。正如德威克指出的，"即使是（或者尤其是）事情不顺利的时候，提升自己能力并坚持下去的激情，是成长心态的标志。成长心态，是一种能让人们在生活中最具挑战性的时刻茁壮成长的心态"(Carol Dweck，2006，p.7)。

但我们并不可以简单地说，安琪儿、阿里安娜和卡洛斯这些孩子具有固化心态，而安德鲁、赫克托耳和查丝提有成长心态。事实上，我们所有人，包括所有的学生，都同时具有固化的和成长的两种心态。心态的变化取决于学科内容、主题、经验、过去的成功和环境因素。例如，对于阅读，你可以有一种成长心态；然而，一本对你来说很难理解的书可能会引发一种固化心态。一个人不会只具有成长心态，或只具有固化心态。

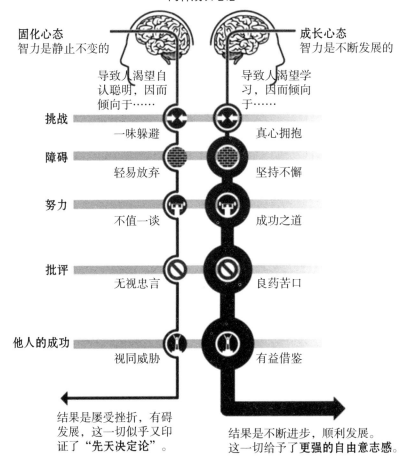

图 2.1 固化心态 vs 成长心态

资料来源：经卡罗尔·德威克授权引用，《两种心态以及相信自己进步的力量研究总结》（*Carol Dweck: A Summary of The Two Mindsets and the Power of Believing That You Can Improve*），图片原创为奈杰尔·福尔摩斯（Nigel Holmes），卡罗尔·德威克（Carol Dweck）2015 年版权所有。

越来越多的证据表明，一般的心态干预对许多学生来说并不是特别有效。西斯克等人（Sisk，Burgoyne，Sun，Butler，and Macnamara，2018）开展了两次元分析研究，第一次研究涉及 273 项关于心态的研究，涉及 36.5 万多名儿童、青少年和成年人。他们发现，学习者的心态和学习成绩之间仅存在弱相关关系。第二次关于心态干预的元分析研究规模比较小（43 项研究，涉及 57000 名参与者）。他们再次得出了一个小效应量（d =0.08）。这一数据表明，两者之间几乎没有影响（参见第一章中讨论的效应量部分）。然而，最重要的发现是研究结果显示，对那些先前被认定为学业风险高、生活贫困的学生进行心态干预，具有某种程度上更强的正面影响。第二项重要发现是，相比要求学生阅读有关心态书籍的被动干预，通过写作和讨论开展的互动干预更有效。西斯克等人建议，针对高危学生的心态干预，结合其他 SEL 干预，可能会放大效果。然而孤立地说，当心态干预应用于所有的学习者（包括那些已经对某个主题或任务有了成长心态的人）时，效果几乎为零——在一些研究中，甚至产生负面效果（Sisk et al., 2018）。

鉴于以上研究结果，我们建议，教师应重新检查心态干预的使用策略，更准确地针对那些面临重大失败风险和生活贫困的学生使用。此外，心态干预应该在全球 SEL 实践的更大背景下进行。通过帮助学生认识导致从成长心态转变为固化心态的诱因，教师进而可以确定用来让学生重新专心学习的策略，并支持学生发展成长心态。

六、坚持不懈

坚毅（Perseverance），通常被认为是一种内部心理结构，它描述了坚持面对挑战的意愿。勇气（Grit），则是坚毅的外在表现，即一个人如何表现出对目标的坚持，包括以下能力，"为了实现目标而放弃很多其他事情，历经多年依然（展现出）忠于内心深处的承诺"（Perkins-Gough & Duckworth，2013，p.16）。当孩子和青少年努力实现某种长期目标时，如演奏乐器、参加体育运动或擅长某一学科，他们就会利用坚毅和勇气。课程中同样也充满了培养毅力的机会。想一想，如果要求学生在一段较长时间内坚持完成富含数学问题的任务，或者如布瑞（Bray，2014）所说的让学生"成为完成困难工作的实干家"（p.5），该如何鼓励学生坚持不懈呢？

不要低估文学作品中具有相似品质的人物角色对学生的影响。在一项关于持久性和角色扮演的研究中（White et al.，2017），研究人员让4—6岁的儿童从事一项重复性电脑任务，设计者特意将任务设计得非常无聊。如果被试儿童想休息一下的话，还可以选择玩另一款电子游戏——一款非常吸引人的游戏。相比没有要求进行角色扮演的孩子，那些要求想象自己是具有执着品质的探险家朵拉或蝙蝠侠的孩子，坚持完成无聊任务的比率高出46%。

这个研究结论有什么意义呢？首先，儿童读物中经常会有虚构的或真实的人物，如果这些人物表现出的品质是我们想让学生去尝试或吸收的，那么就应该有意识地让学生多阅读此类读物。三年级教师内莉·贝尔特兰（Neli Beltran），在她的每日"读书小聊吧"活动（short book talk）中，使用的许多标题，都力图展现人物角色具有的勇气。这些读书报告活动还有额外的"祝福书"益处，在不同的书名上加盖老师的认可章，让它们变得更有吸引力（Marinak & Gambrell，2016）。贝尔特兰女士会提供一个简短的概述，让讨论迎合学生的兴趣。然后她把这本书提供给任何想在独立阅读时间阅读的学生，随后会开展读书报告活动。目前贝尔特兰女士最喜欢的作品包括《鞋子里的盐》（*Salt in His Shoes*）（Jordan & Jordan，2003），这本书的作者是篮球巨星迈克尔·乔丹的母亲和姐姐；此外她还十分喜欢《艾达想当科学家》（*Ada Twist, Scientist*）（Beaty，2016），这本书讲述了一个女孩用科学实验来回答世界上的各种问题。"我想强调，勤奋的力量和强烈的职业道德是学习的途径。"贝尔特兰女士这样告诉我们。

她补充说，仅有坚毅和勇气是不够的；它们应该用于改善他人的生活。在《妈妈的红沙发》（*A Chair for My Mother*）（Williams，1982）一书的读书报告中，她告诉学生，自己通过"彩虹阅读会（Reading Rainbow）"第一次听说这本书的时候，还是个小女孩。书中讲述了一个家庭因为一场火灾失去了房屋，女儿决定攒钱给辛勤工作的母亲买一个新沙发，此类故事对学生来说很重要。"对孩子们来说，重要的似乎是每个人的贡献。但我想让他们知道，也可以通过自己的坚毅和勇气帮助别人。"

坚毅和勇气的另一面是帮助学生找到自己的激情，并利用它来激发努力。青少年童子军组织，致力于利用优异奖章制度帮助儿童和青少年找到他们的兴趣。我们都经历过这一时期，都曾参与过此类组织活动，也都理解希望将象征个人成就的徽章挂满腰带的激情。但这种制度的秘密在于，它鼓励学生去尝试一些原本可能无法完成的事情。中学英语教师埃德里安娜·休斯顿（Adrienne Huston），在阅读了罗伯特·弗罗斯特（Robert Frost）的同名诗歌后，向学生介绍了电子游戏《未选择的路》（Road Not Taken）。这是一款类似于《盗贼》（Rogue）的益智游戏，也就是说，完成游戏需要学生扮演角色，并要在前行中完成一系列越来越困难的挑战。游戏的目的是探索不同的人生道路，并拯救儿童。"这类游戏中的关卡系统非常适合鼓励孩子们去完成更困难的任务，但真正推动他们前进的似乎是赢得徽章，"休斯顿说道，"在这个游戏中，有一些徽章叫作'过着美好生活''撒玛利亚好人''疗愈者'和'知识大师'。有这么多的学生想玩，我们现在甚至有一个非正式的课外游戏俱乐部！"

七、心理弹性

心理弹性（Resiliency）是一种克服挑战的能力。学生每天都会遇到各种各样的挑战，例如来自考试的挑战，他们都希望自己不会遭受经历或目睹考试创伤。有些挑战是个人的，有些则是公共的。有心理弹性的人能够从挫折中恢复，而后往往变得更坚强或更聪明。当然，我们都想减少和避免学生所经历的创伤，这样他们就不必"重新振作"。但事实上，学生在生活中依然还会遇到各种各样的挑战。为了了解学生所面临的情况，多米尼克（Dominique）记录了与学生的晨间谈话活动。在开学前的某一天，他与一些学生会面，包括：

◎住在寄养中心的被虐待儿童，他们整天担心被赶出去。

◎存在食物恐慌和在自助餐厅拿过多早餐的学生。

◎对师生晨间谈话过分紧张而在前一晚熬夜的学生。

◎和女朋友分手后在楼梯间哭的学生。

◎家中有父母去世的学生。

◎担心考试不及格，需要一个学业恢复计划的学生。

◎对公共汽车乘客针对自己的种族主义言论感到愤怒的学生。

这些只是那天早上决定说点什么的学生。想象一下学生在某一天所面临的所有挑战，再想象一下他们没有告诉我们的挑战。你会惊讶地发现，考虑到脑子里的其他东西，他们在学校的一天里实际上什么也学不到。作为教师，如果我们理解社交与情感学习的价值，并特别注重建立心理弹性，就可以帮助更多的学生学习，让他们学得更好。

一些个人特征是人类经历过一系列挑战后形成的保护性因素。的确，有些人天生乐观，在任何情况下都能看到积极的一面。但并非所有人都能如此。即使我们这些天生乐观的人也会被重大挑战挫败。我们有一个学生——一个适应能力很强的年轻人，在学校表现出色——他以前表现出了相当强的心理弹性。他一生中经历了许多挫折，但母亲的去世对他来说太沉重了。这个原本积极向上、富有活力的年轻人处于一种可以理解的黑暗境地。他几乎每天都哭，并担心同学们会因此看不起他。他不顾课业，在课堂上浪费时间乱涂乱画。所有的学生在某个时候都需要帮助；作为老师，我们永远不知道学生什么时候需要传授心理弹性技能。

心理弹性测试，如表 2.3 所示，在提出心理弹性主题、确定其组成部分以及制订计划构建或重建心理弹性时，非常有用。（该工具是为青少年设计的。对于年纪更小的学生，我们推荐 PBS 在线工具，里面有动画人物亚瑟，网址为 https://pbskids.org/arthur/health/ resilience/quiz.html。）然而，该测试本身并不能增强学生的心理弹性。

实际工作中，我们可以通过将心理弹性课程整合到课堂中完成。亨德森（Henderson，2013）为优先开展这项工作的学校起了一个名字：安全港学校（safe-haven schools）。安全港学校的教师通过建立学生的内在和环境保护因素，用教学实践培养出更有心理弹性的人。

表 2.3　心理弹性测试

生理与情绪调节

在 1—5 的范围内给每个项目打分。
选择最能描述你如何应对压力的答案。　　　　　　　不准确　　　更准确

1. 每天我都会感觉受到一两次打击。	1　2　3　4　5
2. 当某件事困扰我时，我通常知道是什么困扰我，为什么困扰我。	1　2　3　4　5
3. 我在有压力的情况下鼓励自己，就像鼓励朋友一样。	1　2　3　4　5
4. 即使遇到困难的事情，我也能笑得前仰后合。	1　2　3　4　5
5. 一般来说，我有健康的应对机制来处理压力。	1　2　3　4　5

思维模式

选择两者中最能代表你态度的语句。

6. 关于考试
□只要努力学习，作好准备，所有考试都会是公平公正的。
□老师经常会随意地提一些问题，以至于学习太多似乎毫无意义。

7. 关于取得生活的"成功"
□成功与其说是运气，不如说是努力。
□生活中重要的是你认识谁，而不是你知道什么。

8. 关于与他人相处
□与他人建立良好的关系是一项可以学习的技能。
□有些人就是无法建立良好的人际关系。

思维模式

9. 关于理解我在问题中的角色
□在大多数情况下，我有很好的准确的个人责任感。
□我经常做最坏的打算，也不知道为什么事情变得这么糟。

生活的意义

下列句子中，选择与你现在的想法最接近的回答。

10. 关于最重要的事情 □保持快乐是我的头等大事。 □坚持价值观是我的头等大事。
11. 关于自知之明 □我很了解我自己，知道自己的优点和偏好。 □我的自我感觉，我的优势，我的偏好，似乎都变化很大。
12. 我在寻找让我的生活有意义的东西 □偶尔。现在我只是在找寻快乐。 □是的，我不知道它是什么，也不知道怎么找到它。 □没有，人生其实没有什么大的意义，何必浪费时间去找寻意义？ □是的，我现在正在追求一些非常有意义的东西。
问题1—5，评估你目前对压力环境的生理和情感反应。如果你经常被压力压得喘不过气来，或者对自己处理压力的方式不满意，那么是时候改善一下你个人的抗压能力了。放松、冥想和专注能大大提高你的抗压能力。研究还表明，通过巧妙地识别和表达情绪，你可以建立更强的心理弹性，同时能以同情的态度对待自己和他人。 问题6—9，审视你对自己行为的态度。一些选项显示出比其他选项更具弹性。有心理弹性的人认为自己的行为很重要，自己可以有效地发挥作用。他们也知道培养良好的人际关系管理能力的重要性。 问题10—12，评估你的生活目标感，可能包括精神信仰和人道主义价值观等。

备注：本测试仅用于激发读者对评估个人心理弹性水平的兴趣，并没有验证心理测量的属性。

资料来源：经詹姆斯·F·亨廷顿（James F. Huntington）授权引用，《心理弹性测试》（The Resiliency Quiz），詹姆斯·F·亨廷顿 2016 年版权所有。

这些保护因素包括：

◎ 与老师和教练的良好关系。

◎ 清晰一致的结构，如课堂规范和文明用语。

◎ 经常接触到他人克服困难的故事。

◎ 把学生的优点反映与展示出来。

◎ 帮助和服务他人的机会。

其中一些实践很容易实现，而另一些则更复杂。重点是培养学生的自主性和自我效能，使他们在面对挑战时拥有可以使用的技能。这一工作可以十分简单，比如像选择文本中具有心理弹性的字句。经典故事《小帮手发动机》（*The Little Engine That Could*）中的消息对学生来说十分强大，但还需要对其进行讨论。故事的重点不在于火车，而在于火车为实现目标所付出的努力。年长的学生可能会读图派克·夏库尔（Tupac Shakur）的诗，《混凝土中生长的玫瑰》（*The Rose That Grew from Concrete*）。这首诗可以作为讨论坚毅和心理弹性的基础。当乔尔·佩雷斯（Joel Perez）老师与他的学生分享图派克的这首诗的时候，他要求学生找出自己生活中的"混凝土"，以及他们将如何突破这些混凝土以实现成长。可以肯定的是，通过一节课阅读一篇文章不会培养出心理弹性，但是定期地给学生一些文章，为他们提供一些可以使用的策略案例，可能会改变某个学生的一生。

此外，老师可以针对任何相关的任务、作业或活动问学生："最难的部分是什么？"通过练习，学生可以逐步认识到自己所处的情况中最困难的部分。莎拉·格林（Sarah Green）让她四年级的学生找出所做的每项任务中最困难的部分，有意识地将其发展成一种面对挑战时的习惯和技能。有个案例中，卡内拉（Kanella）的狗死了，她在课堂上哭泣。卡内拉说："最难的是想念她。她病得很厉害，但我真的很想念她。"格林女士分享了自己失去亲人的经历，并邀请卡内拉制作一本数码图画书，这样她就可以保留这些记忆。通过学习识别"困难的部分"，然后予以解决，让学生建立心理弹性，处理好自己的经验。

八、当学生需要更多支持时

我们相信，教师能够将心理弹性建设活动融入课堂，为学生应对生活中出现的挑战提供工具。然而我们也知道，当出现创伤和严重的童年不良事件时，学生需要专业人士的帮助。

教师是儿童保护、心理健康和家庭支持服务的耳目。重要的是，教师要关注创伤的迹象，让学生能及时得到帮助，即使发生了什么事，也能坚持下去。儿童创伤的一些症状与抑郁症非常相似，包括睡眠过多或过少；食欲不振或暴饮暴食；不明原因的易怒和愤怒；此外，还有一些聚焦于项目任务、作业和谈话的问题。

人们会经常重复一句谚语，这句话对上述情况并不适用："只要不被击垮，你就会变得更强。"我们不同意这个理论。相反，我们明白，作为教师，我们要与家庭成员和精神卫生专业人员共同承担责任，帮助学生修补他们的负面经历和创伤经历。

本章重点

社交与情感学习的一个基本原则是以开放的方式融入日常学习，发展学生的认同和自主能力。教师可以帮助儿童和青少年发展认识自己优势的能力，并用自己内部和外部资源知识准确衡量现有能力。如果以上工作完成得好，学生就会培养出一定程度的自信和自我效能，在减少阻碍因素的同时，为学习提供动力。坚毅和勇气是年轻人培养自信心和自我效能的重要因素，反过来也会增强学生的能力，培养他们面对挑战时的心理弹性。这些做法的核心是关心学生的教育工作者和学校领导人能够致力于开展年轻人的社交与情感学习。

 思考题

1. 通过本章内容，你发现了哪些可以将认同和自主整合进教学实践的时机？

2. 你用什么方法帮助学生认识到自己的优势？

3. 关于自信，你和学生开展了什么对话？当学生过于自信或过于不自信时，你用什么技巧和语言帮助学生重新校准他们对自信的评估?

4. 如何将自我效能的要素融入教学内容中?你的教学内容在哪些方面对学生建立自我效能的信念有用?

5. 除了固化心态和成长心态的知识外,你所在年级、系、学校目前对心态的理解达到了什么水平?你的学生从哪些途径了解到可能使他们形成固化心态的诱因?

6. 你和你的学生讨论过心理弹性吗?你所在学校和学区有哪些专业资源帮助因创伤而需要进一步进行专业干预的学生?

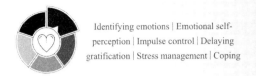

第三章　情绪调节

"泰勒（Tyler），有什么问题吗？"拉米雷斯女士（Ramirez）看到她的一年级学生在挥手，于是暂停阅读，并询问情况。

"奥利弗（Oliver）在玩口袋妖怪（Pokémon）卡。"

拉米雷斯女士看了奥利弗一眼，奥利弗迅速把手放在桌子下面。"奥利弗，我们谈过上课纪律，"她说，"你应该认真看我读的那本书。现在请你把自己的行为标签降级。"

在这所学校，所有的老师都把行为标签作为课堂管理的一部分。标签图表有五个颜色区域，蓝色代表优秀的行为，其次是绿色、黄色、橙色和红色。有红色行为的学生，需要去见校长，并且学校会打电话联系学生家长。奥利弗皱了皱眉头，慢慢地从课桌前站起来，穿过课堂，走到墙上的标签图前，将一个写着他名字的标签从黄色区域移到橙色区域。他拖着沉重的脚步回到自己的课桌前，瘫坐在座位上，在剩下的阅读时间里眼睛一直低着。

后面是社会课时间，拉米雷斯要求学生分享自己刚完成的报告：长大后希望从事的工作。泰勒被点名进行陈述时，奥利弗嘀咕着："做你那愚蠢的报告去吧。"

雅各布（Jacob）听到了。他报告说："拉米雷斯女士，刚才奥利弗说泰勒是傻瓜。"

奥利弗的行为标签最终到了红色区域，拉米雷斯女士与教导处办公室进行了联系。几分钟后，奥利弗气冲冲地走出课堂，跺着脚走向办公室。根据学校的规定，他需要与校长见面，学校也会给他的父母打电话。

让我们再次回顾一下这个场景。很明显，用标签图进行课堂管理存在一定的问题。首先，这种标签图是一种羞辱性威胁，作用有限；如果它能够有效地鼓励积极行为并阻止问题行为，奥利弗一开始就不会玩口袋妖怪纸牌。此外，使用标签图还导致了一些学生，比如泰勒和雅各布，去监督他们的同龄人，在培养积极社交与情感技能的课堂上不会出现这种行为。

同样要注意的是，被抓到违反规定后，奥利弗没有机会处理自己的情绪反应。他很生气，或许还有些尴尬，但拉米雷斯错过了一个帮助奥利弗识别这些情绪的机会，没有帮助他理解自己的自然反应，也没有支持他控制自己的反应。长此以往，如果奥利弗继续因为自己的消极情绪反应而受到惩罚，他将学会在当时压抑这些情绪，但之后会将负面情绪发泄到其他人身上。

正如我们第一章所提到的，无论老师有没有意识到，在实际教学中，他们都已经将社交与情感学习整合进自己的课堂。最有效的整合方法之一是与学生开展互动，正如上面这个场景所展示的，学生学到的东西并不总是积极的或建设性的。我们可以思考以下几个问题：

◎奥利弗知道自己的愤怒或难堪的情绪反应是不可接受的——也许他自己本身也不被同学接受。他也认识到自己需要在不被抓到的情况下向泰勒表达自己的愤怒。

◎泰勒知道监管他人无害的行为老师是允许的。他可能也有点担心奥利弗会报复自己。由于没有现成的模式来解决这种课堂上的同伴冲突，泰勒不得不思考如何在下午休息时保护自己。

◎由于奥利弗被送到校长办公室这件事分散了学生的注意力，剩下的学生在泰勒演讲时不如原来那样专心。他们也了解到，在课堂里打小报告的行为和避免被抓是很有价值的社交技能。

我们分享这个故事，正是因为它如此常见。如果仔细观察就会发现，像这样的小戏剧每天都会在课堂里上演。我们认为原因在于，老师不习惯把这样的事件看作学生需要帮助发展情绪调节技能的信号。有人可能会认为，拉米雷斯的课堂管理策略不合格，因为这样一个小小的违规行为就把孩子送到校长办公室是没有必要的。也有人可能会注意到，如果不这样做会削弱老师的权威。但我们希望大家关注的是，拉米雷斯错过了教学机会。她也许可以尝试以下措施：

◎帮助奥利弗把注意力重新转移到功课上。

◎帮助奥利弗识别自己的情绪（"你看起来现在很沮丧。你能告诉我原因吗？"）。

◎促使奥利弗使用一种自我安慰的技巧（"深呼吸三次，让头脑清醒"）。

◎事情过后和泰勒私下交谈（"如果看到你的朋友奥利弗心烦意乱，有什么更好的方法可以帮助他呢？"）。

认真关注课堂情绪氛围的实际原因在于，情绪具有增强或抑制学习的功能。这是教育学的一个经验证的结论，良好的情绪有助于记忆的形成（Phelps，2004），并能影响学生积极参与学习（Naragon-Gainey，McMahon，& Chacko，2017）。如果在一节课的开始就确定了学习的方向，我们就可以确定，接下来的哪些内容会引起学生的共鸣（Fisher & Frey，2011）。当我们表达对学生的温暖和关心时，当我们创造一个平静有序的学习环境时，当我们对所教的主题极为感兴趣时，当我们和学生一起欢笑时，我们同样也可以利用自己的情感优势。你甚至可以把我们使用的教学策略想成是在某种程度上影响学生的情绪，从而提高他们的学习能力。

现在想想，如果我们让学生参与到这一切中来，如果我们有意识地让学生了解自我，让他们意识到情绪在自己所做的每一件事中所扮演的角色，包括学习，教学可能会取得怎样的成功。在本章中，我们将讨论情感加工的基本原理及其在学习中的重要作用，探讨情绪调节的关键组成部分，以及教师如何帮助学生发展情绪调节技能。

一、情绪调节的定义

当你感到沮丧、担忧或无聊时，你会怎么做？你很有可能已经对这些情绪作出了很多为社会所认可的反应。如果这些反应不被社会接受，你可能会没有任何朋友，也不可能拥有一份工作，甚至可能会锒铛入狱。这些反应也会提高你的生活质量，让你知道如何应对挫折，以健康的方式让自己振作起来，这对保持稳定是至关重要的。当你感到焦虑时，恢复平静是保持平衡的关键。所有这些都是情绪自我调节的例子，它涉及一系列复杂技能，对成年后的成功的重要性已经得到广泛认可。

如今，学龄儿童情绪的自我调节已被公认为是一套可以教授的技能。可以肯定的是，个性特征以及发展因素和个人经历，都会影响儿童调节情绪的能力。但我们可以教他们如何识别、回应和管理自己的情绪状态，这有助于建立和维持良好的社会关系（参见第五章）。关键是，孩子控制情绪的能力会影响同龄人和成年人对他们的看法（Argyle & Lu，1990；Furr & Funder，1998）。这对课堂学习有明显的影响。

让我们回到本章的开头。拉米雷斯女士可能会把奥利弗的辱骂和愤怒地离开课堂，归咎于负面性格特征和不够成熟。泰勒搬弄是非可能也没有为他赢得很多崇拜者，同学们可能会认为他不值得信任，应该避免与之交往。如果奥利弗和泰勒拥有更多的情绪调节技巧，他们的反应可能会有所不同。如果这些学生完成了一个强大的 SEL 课程，课程中传授了足够的情绪调节技能，那么整个事件就可能不会发生。

教授如何管理情绪的工作始于培养反省、自我检查和反应适度的习惯。孩子们需要明白，情绪是正常和自然的，有些情绪比其他情绪感觉更好或更糟，有些情绪让我们感到失控。我们可能会勃然大怒，暴跳如雷，大发雷霆。请注意这些描述的暴力性。重要的是，孩子们要明白，他们不必被负面情绪左右。而第一步就是帮助学生准确地识别自己的情绪。

二、识别情绪

作为人类，很多人都在寻求理解他人的情感，而这一工作几乎是从出生就立即展开的。婴儿通过面部表情来解读父母和看护者的情绪。他们检查他人的面部表情和身体动作，并以自己的手势反映出来。初学走路的孩子很难把语言和情感联系起来，"可怕的两岁"可以部分理解为孩子缺乏恰当传递情感的表达语言。成年人通过提供标签来帮助幼儿建立这些词汇。"我看得出你现在很害怕。"当他们从噩梦中醒来，我们会这样告诉他们。然后我们会抱着他们，给他们唱歌，用故事分散他们的注意力，直到他们安静下来。在这一过程中，我们教会他们如何管理害怕的情绪。

随着入学，儿童的生活变得越来越复杂，他们的情绪调节任务也变得越来越复杂。小学阶段的学生面临着新的挑战，要在一大群孩子中管理自己的情绪，而没有照顾者的支持。在这些环境中，帮助学生给自己的情绪贴上线索标签可能非常有价值。一些老师使用带有不同面部表情和标签的海报帮助那些难以表达自己感受的孩子。一年级教师韦斯·洛根（Wes Logan）在和学生交谈时使用图表。"我经常在课堂上使用图表来建立学生的自我意识，"他解释道，"有时我用它来谈论自己的情绪，比如在校长参观我们班之后。我向他们解释我很兴奋，但也有一点焦虑。"

洛根先生也将这种方法应用到教学内容方面。"我们给故事中遇到的角色也贴上情绪标签，"他告诉我们，"这是理解故事角色的一种方式。"作为社会单元的一部分，他的课堂讨论了不同工作的情绪因素。"我们谈到，警察有时必须让人感到害怕才会谨慎行事，当一个店主被许多顾客质疑同样的产品质量问题时，她可能会感到沮丧。于是，针对这些专业人士如何识别和管理自己的情绪，学生展开了讨论。"

七年级的英语教师莉迪亚·纳瓦罗（Lydia Navarro）的课堂上有一面写满情感术语的"词汇墙"，她在培养学生识别情感状态能力的同时，利用它来扩大学生的学术词汇量。"我在写作中引入这些词汇,"她解释道,"找到一个'恰到好处'的词解释角色的内心活动是一个伟大作家的标志。我们用了一年的时间,一起收集遇到的词汇,并将它们聚在一起,以显示相互关系。"在每个学年开始的时候,纳瓦罗都会使用一种名为"意义阴影"(shades of meaning)的过程,在一个连续体上引入术语聚类的概念。她利用当地一家五金店捐赠的油漆颜色展示卡,模拟如何用术语来描述一系列相关情绪。"油漆色彩卡片能在视觉上展现色彩的深浅。我们开始收集作为加强词的术语。"她告诉我们。在此基础上,她教授学生有关情感轮盘的知识(Plutchik,1997;见图3.1),该图有八个基本的感情:快乐、信任、恐惧、惊讶、悲伤、厌恶、生气和期待。这些基本感觉的交集会产生其他次级情绪:

◎快乐 + 信任 = 友爱。

◎信任 + 恐惧 = 屈服。

◎恐惧 + 惊讶 = 敬畏。

◎惊讶 + 悲伤 = 反对。

◎悲伤 + 厌恶 = 懊悔。

◎厌恶 + 生气 = 鄙夷。

◎生气 + 期待 = 挑衅。

◎期待 + 快乐 = 乐观。

"我们用轮盘指导学生如何用适当的词汇准确传达情感以解释自己的感觉;同时,我们把阅读中遇到的术语添加进轮盘中,"纳瓦罗女士解释道,"就在本周,我们又加上了温柔、震惊、怀疑和兴奋等词汇。"她强调这不仅仅是知道一个词的字典定义,"还需要在情境中正确定位这些情绪。学生认为温柔属于爱,而震惊则意味着敬畏。通过学习,学生能够精准理解自己和他人的情感。"

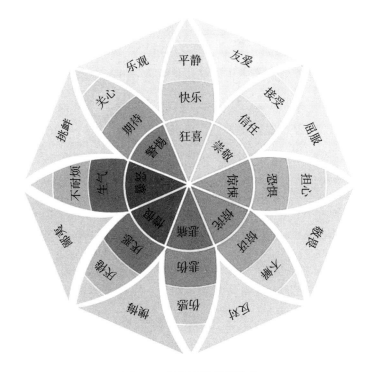

图 3.1　普鲁契克情感轮盘

资料来源：引自 Plutchik-wheel.svg，作者：机器精灵 1735（Machine Elf 1735）。检索自维基共享，https：//commons.wikimedia.org/w/index.php？curid=13285286。

译者注：中文图片源自网络：https：//www.btbat.com/8158.html（情感设计：普鲁契克情感色轮）。

三、感知自我情绪

琼斯及其同事（Jones et al.，2017，p.16）指出，"孩子们必须学会识别、表达和调节自己的情绪，然后才能期望他们与从事相同活动的其他人进行互动"。能够识别情绪不仅仅是简单地贴上标签——学生需要学会准确地将这些标签应用到自己和他人身上。这种能力是可以通过练习培养出来的，如果这种练习能够提供多种机会检查自己的情绪状态、谈论自己和其他人的感受，效果将更为出众。

教师有权力让情绪签到成为课堂上的惯例。作者所在学校的中学老师们，在新学年开始就为学生播放电影《头脑特工队》（*Inside Out*）（Rivera & Docter，2015），并共同建立了一个通用情绪词汇表。电影讲述了小女孩莱利（Riley）搬到新城市后陷入矛盾的故事，而其中的角色——乐乐（Joy）、怕怕（Anger）、怒怒（Fear）、厌厌（Disgust）和忧忧（Sadness）——都是从普鲁契克的情感轮盘中提取出来的。在我们学校中，每个学生的课桌上都有一个小图表，展现了电影中讨论到的各种情绪，学生需要在一周的不同时间记录自己的情绪状态。这项工作是无声进行的，虽然学生有时会写下他们的感受，但更多时候则不会。然而，随着时间的推移，这些情绪签到会成为一种习惯。七年级学生格蕾丝告诉我们："我越来越擅长检查自己的情绪。比如我感到无聊，我必须注意到它，然后做点什么。"

低年级的老师可能会经常让学生中断学习，注意自己的感受，然后用颜色来描述这些感受。调节区域模型（Kuypers，2013）提供一个有效的基于颜色的词汇表，用以表达情绪状态：

◎蓝色区域：我感到悲伤、恶心、疲倦、无聊、行动缓慢。

◎绿色区域：我感到快乐、平静、开心、专注、准备学习。

◎黄色区域：我感到沮丧、担心、愚蠢／犹豫、兴奋、有点失控。

◎红色区域：我感到疯狂／生气、害怕、大叫／大闹、得意洋洋、失控。

与拉米雷斯女士在开篇场景中使用的行为标签图表不同，这些颜色区域不是惩罚性的。使用古柏斯（Kuypers，2013）所阐述的技术，孩子们知道每个人都有情绪，所有的情绪都是可以接受的，并知道当下的情绪可以帮助自己找出回应情绪的方法。情绪是按照"警觉"（类似于强度）水平聚集在一起的，而不是根据外部的"好"和"坏"判断（这些判断本身对培养孩子管理情绪的能力几乎没有帮助）。

三年级教师亚细亚·杰克逊菲尔普斯（Asia Jackson-Phelps）要求学生每天早上到校后检查自己的情绪状态：

我有一块磁性黑板，上面列着每个孩子的名字。每天早上，他们会在自己的名字旁放一块磁铁，告诉我他们已经到校、是否需要午餐。去年我添加了一个区域报告。每个区域都有彩色磁铁。它能帮我快速检查班级状态，我可以根据每个学生的状态定制自己的语言和行为反应。

她的学生在阅读过程中遇到各种角色时，也会使用这种情绪标注方式，这不仅有助于理解文本，也有助于理解他人的情绪。近期，杰克逊菲尔普斯女士每天午饭后大声朗读《波比》（*Poppy*）（Avi，1995），帮助学生识别情绪：

故事中有一个情节，田鼠波比意识到仓鸦奥克斯（Orax）先生一直在用谎言和恐惧统治着他们。波比努力弄清该如何处理这些新信息。一个学生说："她现在处于黄色区域。"我想继续拓展这个想法，所以问了更多相关问题。我们谈到兴奋很容易失去控制。他们预测如果波比不小心，她可能会做什么——就像兴奋可能会让她冒愚蠢的风险。这完全符合故事情节，也是一个重要的教育时刻，学生必须考虑可能的后果，而这取决于波比如何控制自己的情绪。

善于自我管理情绪的学生能够准确感知自己当前的情绪状态，能够预测自己一天下来的感受，并采取措施保持情绪的平衡。布兰科特和弗兰克（Brackett & Frank，2017）建议，为年龄较大的学生提供机会，衡量他们在不同环境下的情绪状态如何变化。下面有四个问题，他们建议通过提问来激发学生的自我反省和讨论：

1. 今天上学时你的心情如何？

2. 在一整天的学习过程中，你有什么感觉？

3. 在课间休息或午休时，你走在走廊上，坐在餐厅里，会有不同的感觉吗？

4. 放学后你感觉如何？

如果你像我们一样，整天与青少年一起工作，就会发现，第三个问题特别有趣。我们经常发现自己在上课时需要和学生到走廊上谈话。令人惊讶的是，学生经常要求我们护送他们回到课堂，因为他或她不想走进教室。当问及原因时，他们通常会告诉我们，因为他们感到难为情和不舒服。"每个人都会看着我。"他们会这么说。作为成年人，我们有时不知道青少年的具体焦虑。这提醒我们，询问情绪状态也是我们进一步了解他们的一个机会。

埃勒里·戴维斯（Ellery Davis）是九年级的科学老师，他介绍了一种在开学第一周预测情绪的方法，作为全校欢迎周的一部分。"九年级学生在高中时非常紧张，"他说道，"你甚至可以看到他们眼中的恐惧。"他使用学校学习管理系统的在线计划功能，该系统已经被优化定制，增加了情绪计划功能。戴维斯先生和学生讨论了可能会引起情绪紧张的时刻，比如参加考试、在课堂上发言、与不太熟悉的人一起完成实验，以及参与课堂讨论。在列举了可能出现的各种引发焦虑的情形后，他们讨论了应对这些情况的方法。"这个清单通常从他们可以做的事情开始，比如呼吸和伸展，"老师说道，"然后我们开始深入挖掘。如何在考试前减少焦虑？学习和作好准备才有实际效果。"

开学第三周，戴维斯先生的学生列出了各种应对不同情况的方法，包括喝水、找到一个好的学习伙伴、写一个待办事项清单，以及在实验室里找到最好的座位。"重要的一点是要有足够的睡眠。青少年在睡眠方面做得很不好，所以我开了一个专题课，讲解了休息的生物学效应及休息与压力的关系。"戴维斯先生也成为消除烦躁类玩具和减压球的粉丝。"我不觉得这些玩具会让人分心。刚开始的几天学生会感到新奇，但很快这些玩具就成为课堂材料的一部分。使用玩具的一些规则还需要进行评估，但也就仅此而已。"

四、控制冲动与延迟满足

我们有意将这两个话题留到本章后面，因为如果没有理解情绪自我调节，这个话题很快就会变成关于外部控制的讨论。儿童控制冲动和延迟满足的能力，就像其他情绪调节因素一样，受到个性、经历和发展因素的影响。年纪大的学生在这两方面都比年纪小的学生做得好，如果你教年纪大的学生，他们可能会带着一些现成的策略来找你。此时，教师的角色是将冲动控制和延迟满足等情感向前推进，比如解释和讨论这些技能，并支持学生努力开发和实施。这可能是一项复杂的工作，因此我们将依次研究这两个相关主题。

控制冲动

"三思而后行。"这是我们从小到大经常听到的一句话。

"停一停，想一想。"我们会这样提醒那些似乎随时准备作出反应的学生。

"踩刹车。"我们听到学生彼此提醒。

所有这些建议都适用于那些即将作出鲁莽决定的人。请注意，所有这些提醒都在促使我们停下来，思考一下，选择一个深思熟虑的行动，而不是本能地自动地作出反应。虽然冲动似乎是凭空产生的，但它们是对刺激的一种反应，而这种刺激往往是情绪上的：愤怒、厌倦、困惑、焦虑等等。因此，控制冲动的关键是能够识别触发机制，并准备在点燃导火线时采取不同的行动。例如，一旦某学生认识到愤怒或恐惧的感觉会让他更容易发火，那么他就可以制订一个计划，来决定下一次愤怒时应该做什么——首先数到十，深吸一口气，然后与值得信任的成年人交谈，或离开课堂，远离激发愤怒的源头。

上一个例子强调了为什么了解情绪调节策略和帮助学生开发"B 计划"是如此有益。想想看，有多少老师会把一个愤怒的学生选择离开课堂看作是一种反抗而不是冲动控制——这些学生像是走出课堂，而不是逃离课堂。我们需要为学生提供各种各样的方法以调节他们的情绪，如果不把"逃避"作为一种选择，我们就剥夺了一项宝贵的工具。

课堂的结构需要能够帮助学生控制愤怒、恐惧等"热"情绪的冲动，包括给孩子提供退避的空间。这些空间应该是吸引人的，并且在一定程度上避免激烈的活动。年龄大一点的小学生通常可以坐在角落里舒服的椅子上让自己平静下来，而年龄小一点的孩子可能需要更多的物理庇护，比如一个小帐篷，或者一个他们可以坐进去的松软豆袋椅，并提供一条小毯子作为挡板。这些空间永远不应该作为惩罚场所，它们只是必须保留的一个安全庇护所。也就是说，当你看到焦虑的迹象时，邀请学生利用这些空间并没有错。当你这么做的时候，只是给他们的情绪贴上标签："我们排队休息时发生的事让你很沮丧。你想利用冷静空间整理一下思绪吗？"

建立一套程序，让初中生和高中生在需要的时候自行发起休息也是明智的选择。我们知道学校有很多关于谁可以缺课的规定——需要许可，需要通行证等。但是，如果一个学生在与另一名同学发生了个人分歧后，试图控制自己的冲动，避免说出一些侮辱对方的话，那么他可能真的需要从学校环境中脱离出来。我们曾写过在任教的学校中使用的一种教学方法，钟爱它的老师称之为 TLC（Fisher，Frey，& Pumpian，2012）。老师们会在走廊角落里摆上一张小桌子和两把椅子。桌子上贴着一个牌子，上面写着："我能帮忙吗？我有时间。"成年工作人员常在 TLC 桌旁等待（这是一个比电子邮件更好的方式，老师不用整天待在办公室里）。任何人都可以坐在空椅子上——有时甚至是另一个成年人——进行交谈。那些被分配到这里或自行休息的学生，可以利用这个机会与愿意提供帮助的教师交谈。

控制冲动的第二个关键是仔细倾听。好的倾听者能够更准确地理解他人信息的背景、语气和意图。有多少冲突是由于消息传递和理解不当导致的？对他人的含义或意图妄下结论？定期要求学生重复或改写教师的指导意见，这是支持倾听技能发展的一个简单的方法（这样做还有一个额外的好处，那就是养成停下来思考方向的习惯。）。幼儿听力游戏，如红灯/绿灯；西蒙说；头、肩膀、膝盖和脚趾，同样也可以培养孩子仔细倾听的习惯。

艾伦·沙巴（Allan Sabah）是八年级的社会课老师，他的课堂上使用障碍游戏来培养学生的倾听能力。学生结对学习，但是他们背靠背坐，所以他们看不见另一个人在干什么。一个学生有一个与学习单元相关的简单的图片（例如，一面旗帜、一张地图、一个政治符号）。另一个学生有纸和笔，但看不见图片。游戏目标是让团队尽可能地重现原始的图片效果，但不能直接说出对象的名称。"所以如果一个学生有一张独立战争时期的英国国旗的图片，他需要给出明确指示，先画一个矩形，然后在中间画一个红十字。"沙巴先生解释道，"描述地图更难，所以它真的能提高学生的沟通和倾听能力。"虽然学生认为这是一种有趣的活动，但学科知识的学习和情绪调节的学习也同步进行。他还说："根据教学单元的背景，他们能够更好地预测正在绘制的对象。我们还讨论了实现这一目标，双向沟通需要清晰到什么程度。"

当学生需要更多支持时

有些学生需要更个性化的支持来培养他们控制冲动的能力。无论是由于残疾、创伤还是缺乏经验，这些学生都能很快激怒老师。一些学生可能会对其他孩子有攻击性，或者在情绪高涨的情况下"反应过度"（例如，在挫折时发脾气，太大声大笑并且时间太久）。年长的学生可能显得好辩，总是想要"首先挑起争端，说到别人哑口无言"，我们认识的一位家长就是这样描述自己的孩子的。冲动控制能力差的孩子，其外在行为可能被错误地解释为孩子性格和父母教养问题，而实际上孩子需要的是培养行为能力。

如前所述，所有冲动控制能力较差的学生都可以从了解引发冲动的诱因中获益，但是我们想在这里深入探讨一下这个概念。任何一种行为都是对某种事物的反应，其目标是获得或避免某种事物。以下是行为的三个组成部分：前情（antecedents）、行为（behavior）与后果（consequences）。前情是指发生在行为之前的人、事件或环境线索。有些前情会快速触发行为，意味着前情发生后紧跟着行为发生；另一些前情则是缓慢触发的，前情发生在行为之前的几分钟、几小时或几天。一个学生低声说了一些冒犯的话，另一个学生扇了他耳光，这就是一个快速触发的例子。殴打学生是一种有问题的行为，必须予以解决，但我们也必须找到导致这种行为的原因。另一方面，缓慢地触发可能导致相同的行为。也许一个学生目睹父母争吵了几个小时后度过了一个无眠的夜晚，当他早上下楼准备早餐时，母亲宣布父亲已经离开了家，孩子哭着跑回房间。男孩没吃东西就去上学了，上午的课上他一直闷闷不乐，然后穿过拥挤的学校走廊，来到食堂。他不小心被一个比他大的学生推搡了一下，于是他打了另一个男孩以示报复。同样，问题行为必须得到解决。但是，如果只关注快速触发（推挤）而不了解缓慢触发（他的沮丧、焦虑、睡眠不足、饥饿），将对需要情感支持的学生造成极大伤害。

这两个例子本身并没有冲动控制障碍的迹象，但这两个学生行为的模式看起来像是冲动控制障碍。在这种情况下，帮助学生识别缓慢触发和快速触发是有帮助的。利兰（Leland）的父亲因军事调动而长期离家，当他开始表现出冲动控制能力下降的迹象时，他的九年级老师很担心。利兰很容易生气，即使遇到小问题也会勃然大怒。他的身体更加焦躁不安，椅子向后倾斜（还摔了几次），经常在不当的时候离开座位，并要求频繁地离开课堂。老师和他见面，想把事情弄清楚。在老师和学校辅导员的帮助下，利兰收集了自己行为诱因的数据，记录了在好日子和坏日子里发生的事情。过了一段时间，他注意到可能是睡眠不足造成了伤害。他开始提早到校，这样他就可以吃早饭，并在上课前休息一下。虽然没有立竿见影的办法（利兰的家庭生活仍然很复杂），但他对自己有了更多的了解，并学会了管理自己能够控制的诱因。

后果中存在的行为模式也值得研究。在行为分析中，后果仅仅是行为的结果。实际上，后果可以理解为行为的四种功能：社会关注、回避或逃避、获得某物以及权力或控制。所有这些功能都在日常生活中发挥着作用，在很大程度上，我们已经找到了实现这些目标的方法。我们每天都在使用这些功能，区别在于我们如何实现这些功能。表 3.1 从成年人的生活中，为每个功能对比了一组例子：一个是被社会接受的行为，一个是有社会问题的行为。正如你所见，为达到同样的结果而选择的路线可以有很大的不同——从积极的到消极的，甚至是非法的。

表 3.1　功能对比

后　　果	社会接受行为	社会不许可行为
社会关注	你带着微笑，说着"早上好！"和同事打招呼。他们也会欢迎你。	你侮辱同事，当他们反应愤怒时，你说："不能开个玩笑吗？"
回避或逃避	你礼貌地为自己找借口，不去参加一个无聊的会议，这样你就可以休息一会儿，伸伸腿了。	在会议上你大声惊呼："天哪，这太无聊了！你就不能闭嘴吗？"
获得某物	在咖啡店买东西要付钱。	你在咖啡店拿了一个蛋白质棒，不付钱就走了。

后　果	社会接受行为	社会不许可行为
权力或控制	某商品让你十分失望，你写了一篇客户意见。	你写了一张要求退款的纸条，然后把它绑在一块砖头上，扔进商店的窗户。

冲动控制能力差的儿童和青少年通常实现目标的能力也十分有限。他们的行为模式是以最有效的方式获得想要的东西，而社会可接受性通常不予以考虑。

针对后果的行为模式分析对于检查有问题的冲动行为十分有用。一个经常在课堂上大喊大叫的学生可能是在寻求社会关注。女孩在不适当的时候要求上厕所，可能是为了避免一项困难的学业任务。从别人那里抢夺资料的小孩可能缺乏沟通技巧，无法提出想要的东西。当你要求青少年学生换到另一个座位上时，他会说"别跟我说话！"。此时，他可能是在寻求权力，他更希望能在朋友面前表现得强硬，而不是服从你的要求。理解一种行为的可能功能可以让老师深入了解行为的意图，并帮助学生建立其他技能来取代有问题的行为。

例如，如果一个男孩大声说出答案而不是举手，那么一起制定一个减少这种行为的目标，可能会对他有好处。当他真的举手的时候，你需要不断地叫他回答问题，这样他就会知道可以不用担心无法引起你的注意了。逃到厕所的女孩可以从掌握寻求帮助的策略中受益，这样她就不需要经常逃跑了。抢夺别人资料的小孩则需要发展口头提出要求的技能。

行为的最后一个功能，寻求权力和控制，可能是最难解决的，因为它植根于恐惧。在所有的情感中，恐惧是重要的，因为它关乎自我保护。越来越多的证据表明，有注意力和冲动控制问题的儿童和青少年，很难处理与威胁相关的情绪（Flegenheimer, Lugo-Candelas, Harvey, & McDermott, 2018, p.336）。拒绝你的要求而在同龄人面前摆出各种强势姿态的青少年，其动机是害怕失去自己的社会地位。最重要的是，帮助他需要你保持冷静，不具威胁性，以免局势升级。长远来看，你可以稍微调整一下环境，以确保他有选择（真正的选择，而不是"否则就会"之类的威胁），比如从你提供给他的清单中选择独立阅读的书。另一类环境变化是让你的教学内容与他的兴趣建立关联。最有效的方法是和这个学生建立关系，为他树立积极的社交与情感技能的榜样。这样做，可以帮助他看到你和学校环境没有威胁。

冲动控制的突然变化或显著延迟可能预示着更严重的问题。与同龄人相比，经历过创伤事件的儿童和青少年表现出较差的冲动控制能力，这是一种被普遍接受的观点（Danese & McEwen，2012）。童年不利经历本身可分为三个领域：童年虐待、家庭功能障碍和社会弱势。那些在冲动控制方面表现出明显变化的学生很可能正在经历创伤，这值得调查和干预——而老师应该是注意到这种变化发生的首要责任人。

延迟满足

提到"延迟满足"，大多数教育者都会想到棉花糖，更具体地说，都会想到斯坦福大学沃尔特·米歇尔（Walter Mischel）对4—6岁儿童进行的一系列开创性研究。研究人员给孩子一块棉花糖或其他零食，并告诉他们可以马上吃，但如果他们等上15分钟，就可以吃两块。然后，研究人员把孩子独自留在了放了一块棉花糖的房间里。一些儿童在研究人员离开的第一时间，就把糖吃了。但还有很多儿童则长时间地分散自己的注意力，不去关注那块棉花糖，避免忍不住吃掉它，以得到承诺的两块棉花糖。孩子们使用了各种各样的技巧，包括自言自语和转动椅子，这样他们就看不到棉花糖了。正如预期的那样，延迟满足能力与孩子的年龄有关。但出乎意料的是，在对参与者成年后进行的一系列纵向研究中，研究人员发现了令人惊奇的结果。相比不能推迟满足感的人，那些成功地吃到两块糖的孩子SAT分数更高，前额皮质活动更活跃（Casey et al.，2011；Shoda，Mischel，& Peake，1990）。

教师设定合理的、可实现的课堂目标，学生达成目标后可获得奖励，这一方法可以帮助学生发展一种更强的延迟满足能力。如果奖励与孩子的年龄极不匹配，则很可能会失败。例如对幼儿园的孩子来说，在学年的最后一天设立奖励是不合理的。对他们来说，一年可能代表了他们现有生命的20%！对这些五岁左右的孩子来说，一天结束时就发放奖励要合理得多。而期望班上的每一个学生都在考试中取得满分，这样的任务目标是不可能实现的。但是提高下一次化学考试的班级平均成绩也许是可行的目标。为学生设定无法完成的目标并不能激励他们。一些老师会使用视觉工具，例如一罐玻璃球或一个温度计，这样学生就可以看到他们的收获在不断积累。

二年级老师凯伦·富兰克林（Karen Franklin）是一名体育爱好者，她的课堂里摆满了当地职业篮球队和大学篮球队的相关物品。为了契合自己的兴趣，她设立了一个电子记分牌，让学生看到他们的表现如何有助于获取课堂奖励。"我为一些友善交往行为奖励积分，比如帮助同桌、完成作业、专注倾听与和睦相处等。"她说道。

在新学年开始的一段时期，每天结束的时候，我都会发放短期奖励。但随着一年一年的过去，我不断增加他们实现目标所需的时间。例如，只要班级总分达到10000分，周五就会有新鲜水果奖励。

富兰克林女士告诉我们，学生通常需要两到三周的时间才能拿到一万分。"我们现在有一个很大的目标：十万分。如果达成了，老师会带全班同学去他们自己选择的地方开展田野研究旅行。"她解释说，达到目标时，学生就会集体讨论去哪里考察并达成共识。她还指出，该活动有助于加强学生对大数的数字感，这是数学课程教学的目标之一。

最初的棉花糖研究并没有测试环境对儿童延迟满足能力的可能影响。最近，一组研究人员想知道，如果成年人有过不遵守诺言的行为，是否会对儿童延迟满足产生负面影响。他们针对一批三岁的孩子重复了最初的研究，但关键区别在于：一些孩子有过与成人研究人员接触的经历，但他们没有遵守承诺为孩子提供艺术用品。之后，当要求孩子选择是否推迟吃棉花糖，以获得奖励时，那些不可靠环境中的孩子们吃棉花糖的犹豫时间平均只有3分钟。那些在可靠环境中的孩子平均等待时间为12分钟，对于一个蹒跚学步的孩子来说，12 分钟的等待对于任何事情都是相当长的时间了（Kidd，Palmeri，& Aslin，2013）。这是一个重要的提醒，我们需要对学生保持严谨的一致性和可靠性。学会延迟满足依赖于学生能够信任这个世界，因此，我们的课堂应该成为一个一诺千金的地方。

五、压力管理

压力感是人对环境产生的一种生理反应，包括心率加快，呼吸加快，肾上腺素释放等。虽然压力通常与负面影响相关，但更准确地说，压力有两种类型：积极压力（Eustress）和消极压力（distress）。积极压力是一种"良性压力"，是帮助你早上起床的动力，能积极地影响你的动机、表现和幸福感。而消极压力会对动机、表现和幸福感产生负面影响。

压力大的学生（我们指的是消极压力大的学生，以下均用此简称）通常表现得更差，会忘记更多学过的知识，还会积极避免思考课堂以外的内容。拉米雷斯、麦克多诺和凌（Ramirez，McDonough，& Ling，2017）开展过一项数学课堂研究，并相当直白地总结提出："课堂压力会促使学生主动遗忘数学知识"（p.812）。更糟糕的是，吸收新知识的能力越低，学习时的痛苦程度越高（Vogel & Schwabe，2016）。

学生需要学习识别压力和管理压力水平的技巧。让学生学会从正面进行思考，并"选择自己的态度"，是可行的建议之一。这方法看起来可能很温和，但大量的教学实践证明，它行之有效。例如，当莱西·萨拉查（Lexi Salazar）和她的二年级学生交谈时，他们会尝试提出一些积极的观点，比如"我是一个很好的朋友。我喜欢学习。我们对自己的课堂感到自豪"。萨拉查说，这些讨论尽管短暂，但有助于帮助学生建立信心，减轻压力。简单的呼吸技巧也可以帮助舒缓神经，集中注意力。"我教给他们一种大黄蜂呼吸技巧，"她解释道，"他们需要闭上眼睛，深吸一口气，然后用嘴慢慢呼气，像蜜蜂一样轻轻地嗡嗡叫。我们会先做几次大黄蜂呼吸，然后再开始学习。"

在萨曼塔·阿奎尔（Samantha Aguirre）的课堂上，学生遇到任何紧张或引发焦虑的事件，都可以进行姿势反馈。卡迪（Cuddy，2015）发现，在完成一项要求很高的任务之前，那些摆出舒展身体姿势的人（例如，举起双臂，缓慢舒展），会觉得自己的能力有所提升。卡迪曾提出，这个最初被称为"力量姿势"的物理姿势可能会引发荷尔蒙的变化。尽管卡迪后来收回了关于激素影响的说法，但在对 55 项已发表研究进行统计分析后，最初的假设得到了证实（Cuddy，Schultz，& Fosse，2018）。我们已经看到，学生通过自己的姿势调整来获得自信、减轻压力。如果从椅子上站起来，给大脑补充更多的氧气，可以让一些学生感到更自信，那教师肯定也不会反对！

当然，老师应该做的不仅仅是积极的肯定，或告诉学生要正面思考。创造一个减少（或至少不增加）学生压力水平的环境同样重要。教学环境应该干净整洁，课堂内尽量避免出现视觉干扰。尽管在课堂上张贴语言图表、学生作业等很有价值，但请记住，在整个学期里，这些东西会不断累积，最终影响学生。因此挂上新材料前，别忘了把旧材料取下来。

室外的噪音水平，虽然不完全在教师的控制之下，但我们可以在课堂里放一些减少噪音的物体，如植物、软垫沙发和地毯，以尽量减少噪音。此外，还应该让学生意识到很多噪音是他们自己在课堂里产生的，并教他们如何调节集体音量。三年级教师贝拉·桑切斯（Bella Sanchez）利用一盏带有调光开关的落地灯向学生发出信号。当光线较暗时，说明活动的声音水平应较低，如学生阅读。更亮的光表示可接受更高的声音音量，例如学生开展协作学习。

调整课堂的学习结构也可以减轻压力。考试前一周左右进行练习测试，对学生有减压的效果（Vogel & Schwabe，2016）。练习测试是实际考试的精简版本，旨在突出关键技能和概念。虽然没有等级排名，但评分可以让学生分析自己的表现。练习测试能够准确地帮助学生估计自己当前的知识水平是否达到考试的预期达标水平。这有助于消除学生的不确定性压力，并为学生进一步的学习提升提供一个可靠的方向。对练习测试的元分析表明，对中小学的学生来说，练习测试都是有效的，而且开展一次也就足够了；同一单元的多次练习测试对学生的学习并没有太大的影响（Adesope，Trevisan，& Sundararajan，2017）。应该指出的是，只有学生有机会分析自己的测试结果，并计划如何提高自己的学习，练习测试的积极影响才会实现。

最后，提高学生的压力意识，强化压力感对学习的影响有很大的价值。许多 SEL 课程都涵盖了压力管理的相关内容，SEL 课程是向学生介绍压力管理的有效方式。吉姆·肯尼迪（Jim Kennedy）在他的五年级课堂里列出了一份清单，名为"当你感到压力时要做的十件事"，学生在开展社交与情感学习的过程中不断向其中增加相关技巧。"学生列出的管理压力第一项主要技能，大多是关于呼吸、伸展等此类的技巧，"他说道，"在过去的一年里，当他们对学习感到压力时，就会在清单里增加一些事项，比如和老师、家人或朋友聊天。这些行为向我表明，学生正在认识到自己的周围充满了各种支持的力量。"肯尼迪自己就是这样做榜样的，他在自己需要呼吸或伸展以缓解压力的时候，一边做一边进行出声思考，向学生展示缓解压力的经验。

六、合理应对

在第二章中，我们讨论了心理弹性是学生发展所必需的心态。心理弹性可能是一种态度，但它并不存在于真空中。心理弹性中也有情感因素的影响，包括运用合理的应对技巧。

应对机制包括与压力管理和控制焦虑相关的机制。合理应对与情绪调节的互动影响是一个比较新的领域，其中一些技巧属于认知调节的范畴，这也是本书第四章的重点。合理应对技能的认知调节技术包括解决问题、寻求帮助和社会支持；其情绪调节技巧则包括接受实情、分散注意力、停止消极的"世界末日"思维。合理应对中处理情绪问题要面临一个挑战，它可能看起来像是一种问题行为，与冲动控制不良相关。以情感为中心的合理应对技巧包括"寻求社会支持和逃离/逃避"（Compas et al.，2017，p.941）。也就是说，应对可能是适应性的（有用的），也可能是非适应性的（有害的）。非适应性的应对技巧包括责备自己、责备他人、否认和远离他人。然而，适应性应对技能可以作为应对消极生活事件的保护因素。

下面我们要讨论一种特殊的适应性应对技巧，主要针对压力和焦虑管理，称之为干扰程序（distractors）。您可能熟悉干扰程序，它们是 SEL 课程的常见内容之一。贝瑟尼·奥布莱恩（Bethany O'Brien）是一名六年级的数学老师，她列出了一份清单，罗列了学生可以在课堂上和校外使用的健康干扰程序。有些干扰程序的目标是改变一个人的生理状态：骑自行车、绕着街区散步，或者喝水。她教给学生一些手指练习，旨在增加其手指手腕的灵活性。"我过去常常弹钢琴，老师让我做手指练习来提高手指的灵活性和力量，"她解释道，"但它们也能让血液流动起来，让学生思考其他事情。"

这个班级也设置了一个学生允许使用的精神干扰程序列表。有些建议是由学生提出的：抱着宠物、读书、听音乐。奥布莱恩老师还设置了一张静思桌，桌上放有彩色铅笔和记号笔，还有几本成人涂色书随意地放在旁边。"我特别喜欢静思桌，它给我的学生提供了一个不用离开课堂就能重新安静下来的机会。他们仍然可以听课，但也可以分心稍微玩一会儿。"最近，她在干扰程序列表中增加了人际互动选项。"我们准备了一个名单，让学生列出了生活中可以交谈的人的名字，"奥布莱恩老师告诉我们，"父母、朋友、兄弟姐妹，当然还有我这个老师……在这个年龄，名单可以帮助学生及时提醒自己，身边有关心他们的人，并且会让他们与众不同。"

有时候，最好的倾诉对象是自己。十一年级英语老师塞缪尔·伊藤（Samuel Ito），教授学生亚里士多德和净化（catharsis）一词的古希腊起源："我首先将这个词放入戏剧语境，因为戏剧中的喜剧和悲剧对观众有一种宣泄的作用。"然后他介绍了另一种宣泄压力和焦虑的方法："写日记。我给他们看了一张照片，拍摄了我家书架上放的我 23 年来记录的所有的个人日记"。他说道。伊藤老师在当地一家旧货店买了一本空白日记本，准备送给可能感兴趣的学生。他还在尝试使用移动日记应用程序。这些应用程序有密码保护——"比带钥匙的日记本更好"——还可以在日记里增加照片和视频。

本章重点

　　情绪影响学习和行为。就像柴油发动机上的调速器一样，情绪调节着信息和经验处理的速度。然而，当情绪过于激动时，大脑和身体很快就会超负荷运转。孩子需要了解他们的情绪，以及如何准确地命名和识别它们。情绪对学生的冲动控制和延迟满足的能力起着独特的作用，一些学生需要更多的强化的支持来发展此类能力。如果不加以控制，压力和焦虑会使人衰弱，所以学生需要掌握一套合理的应对机制。然而，仅仅告诉学生情绪调节并不足以帮助他们发展这些技能。至关重要的是，我们要检查和重构课堂与学校，以便更好地支持学生情绪的自我调节。

 思考题

1. 你的学生何时何地学会了如何识别并标记自己和他人的情绪？如何扩大学生的情感词汇量？

2. 你可以通过什么方式将情绪自我调节融入课堂教学中？

3. 当学生需要更多的指导来发展更好的冲动控制技能，你所在学校和学区有什么系统来支持他们？

4. 你在哪里可以找到资源来帮助你创造机会，发展学生延迟满足的能力？

5. 你通常观察哪些迹象来监测学生的压力水平？当你看到或听到这些信号时，你会作何反应？让一位同事对你的课堂进行环境检查，找出可能会给学生带来更大压力的物理和听觉因素。

6. 根据观察，你的学生会使用哪些适应性和非适应性应对技巧？

Metacognition | Attention | Goal setting
Recognizing & resolving problems | Help
seeking Decision making | Organizational skills

第四章 认知管理

芬恩（Finn）是三年级学生，他十分兴奋，在座位上坐立不安。几分钟后，他要做一份多媒体报告，这份报告已经做了整整一个月了。他在浸入式双语学校学习，需要和同学共同完成什么作业呢？选择一个国家，用第二语言准备一份该国家的报告并向全班展示——对于这些小男孩和小女孩来说，这似乎是一项艰巨的任务。

芬恩研究并完成了一份关于哥斯达黎加的报告。在等待上课的时候，他回想起了自己所采取的措施。

当作业刚公布的时候，他就和父母分享了老师布置的任务及其截止日期。芬恩告诉他们，希望在春假前完成大部分工作——他将在祖父母家度过春假。芬恩意识到他不太了解数字讲故事应用程序，而这个应用程序是他主要的工作平台，所以向哥哥请教了该应用程序的一些技术问题，比如嵌入视频的方法。在课堂的某次在线研究中，他搜索哥斯达黎加国旗图片时，得知该国将在几天后举行总统选举。于是芬恩在老师设置的在线计划文档中做了一个备忘录，提醒检查选举结果，这样他就可以报告这个国家的最新信息。在随后的几周时间里，他和一位同伴回顾了彼此准备的演示文稿并相互给出反馈意见。他们调整了演讲并练习了表达方式，确保在5分钟内完成演讲。芬恩认为自己很难确保演讲不会太短或太长，但他对自己所做的工作充满信心。整个作业完成过程中，他学到了很多，也已经为分享作好了准备。

芬恩的成功在很大程度上归功于他的认知能力。他给自己定了一个目标（例如，在春假前完成大部分工作），寻求了帮助，并使用组织工具来跟踪进度。他没有单独完成任务，芬恩的老师对他的成功也起了重要的作用。但是在许多学校中，计划、组织和创造工作都是由孩子（或家长）来完成的。老师往往会认为取得成功的学生"有能力""有动力"或"成熟"，将他们的成就归因于性格特征，而非显性的技能掌握。

芬恩和他的同学们很幸运，因为他们有一位更懂教育的老师。她创造了以下条件，允许学生学习和掌握认知管理技能：

◎制定临时签到时间表，帮助学生评估自己的进度，并将作业分成更小的部分。

◎向学生示范，针对完成大型任务，老师是如何思考完成方法，安排工作计划的。

◎完善学习环境，帮助学生作出决策。

◎建立工作伙伴关系，鼓励同伴反馈。

◎与家人沟通项目细节，让他们参与到项目中来。

换句话说，芬恩的老师将 SEL 的原则，特别是认知自我管理融入课程教学中。正如我们在前几章所指出的，如果把 SEL 限制在一个独立项目中，而没有融入课堂环境时，就会减弱该项目的实现目标（Jones et al.，2017）。在本章中，我们将探讨与教师日常课堂教学紧密相关的 SEL 能力，聚焦于能够培育学生认知管理能力的措施。

一、认知管理的定义

我们已经探讨了情绪自我调节，它与认知自我管理有相似之处。一般来说，自主学习（Self-regulated learning）是指专注于特定目标的策略性、有意识和元认知性的行为、动机和认知。"具有自我管理能力的学生，往往是学习进程的主动参与者，这种参与全面体现在元认知、动机和行为上"（Zimmerman，1989，p.329）。换句话说，认知自我管理要求学生做出有助于学习的行为。他们对学习承担更多的责任，并且积极参与教师运用的进程和策略。

齐默尔曼（Zimmerman，1989）还指出了自主学习者使用特定策略的价值。用他的话说，"自主学习策略旨在获取信息或技能的行为和进程，它涉及学习者的主动性、目的性和工具性感知。自主学习策略包括诸如组织和转换信息、自我决策、寻找信息以及排练或使用记忆辅助手段等方法"（p.329）。

所有的认知管理依赖于自我的认知加工意识。因此，元认知（metacognition）技能是恰当的逻辑起点。

二、元认知

研究表明，儿童在三岁时就可能开始发展元认知知识（Marulis，Palincsar，Berhenke，& Whitebread，2016）。元认知通常被理解为"思考的思维"，但从更加完整的角度可以将其理解为三部分技能：（1）认识自己和他人的想法；（2）思考完成任务所需的行为；（3）确定可用于执行这些行为的策略。例如，具有基本元认知的学龄前儿童，可以回答如何完成拼图游戏的问题，并且能告知什么能使任务变得更容易（例如，如果所有的积木都是不同的颜色或都是相同颜色），或是能说出他们用于完成任务的策略（例如，对照盒子上的图片、按颜色对拼图块进行排序、首先组装边框块）。这种监控和指导认知加工的能力对任何年龄的学习者都是至关重要的，它与各领域专业知识的发展密切相关（Sternberg，1998）。例如，想一想元认知因素如何影响老师的教学水平。它能够帮助我们计划和监控课程，回顾过去的课程，以便"调试"未来的课程（Jiang，Ma，& Gao，2016）。

元认知可以通过直接教学显性地培养。其中，最著名的技巧之一是"互惠教学"，它为开展阅读理解活动提供了计划、监控和反思等的一整套协议（Palincsar & Brown，1984）。该方法要求多组学生共同阅读一篇文章，并在指定的分割点停下来讨论这篇文章，形成一种共同的理解。具体协议要求学生共同总结已阅读的内容，询问对方问题，提供明确的信息以帮助他人，形成对下一段文本的预测。

"互惠教学"积累了很多成功记录，令人印象深刻，该方法甚至对低龄段的二年级学生也适用。值得注意的是，互惠教学中学生阅读理解能力的提高，并不归因于阅读文本内容，而是主要来自协议对学生元认知能力的提升。哈蒂（Hattie，2009）通过对互惠教学研究的元分析，提出其对学生学习影响的效应量为 0.74，远高于 0.40，这是一学年学生学习进步的效应量的平均标准（参见我们在第一章中对效应量的讨论）。并且，如果元认知教学嵌入到课堂的常规学术流程中，它能够发挥最佳效果。

三年级教师胡安·科尔特斯（Juan Cortez）在课堂上整合了学生开展元认知思维的机会。作为教学的一部分，他为学生示范自己的元认知进程。科尔特斯每天都应用有声思维分享自己对学生所学内容的反思。比如，某次科尔特斯朗读了一段文章，主题是讨论变得紧张起来的友谊，他停顿了一下，说：

我看到朋友们会互相帮助，我也看到朋友们在伤害彼此感情的时候会道歉。我将列出我在这本书中学到的关于朋友的箴言，并将它与我在另一本书中学到的进行比较。最后，我要想想我自己做到了哪几条。

科尔特斯先生也为学生提供了对自己的思想开展元认知思考的机会。他在课堂海报中列举了学生可以练习的元认知行为案例，包括：

◎确定你已经知道的内容。

◎总结你所学到的东西。

◎告诉他人你掌握的知识、技能和能力。

◎设定目标并监督自己的进展。

◎评估和完善自己的工作。

每年年初，科尔特斯都会给每个学生一个小的"个人目标"笔记本，用来记录他们在学校内外想要完成的事情，并反思自己的学习。麦迪逊（Madison）是科尔特斯班上的一名学生，她在笔记本上写道：

> 我在想我应该取得哪些进步，我想把它写下来，这样我就不会忘记。我的目标是学习如何运用思维模式解决问题。我不太擅长这一点，但今天我做到了。我取得了进步，因为我找到了规律，我向科尔特斯先生又要了一道练习题，看我能不能再做一遍。

在这里，我们看到麦迪逊开展了元认知思维，并在学习进程中不断自我管理。当然，她还需要教师指导学习、为她提供策略，但她对自己的思维承担了更多责任。并且，她希望尝试运用自己的解决方案，因而变得更加积极主动。

三、聚焦注意

随着元认知能力不断增强，学生为了改变行为而指导自己思考的能力也会随之增强。注意力是这种定向思维的一个典型例子，它在课堂上的价值是显而易见的。随着学生在学校里不断成长升入更高年级，他们的注意力需要保持更长的时间，甚至在他们觉得单调乏味（比如，老师讲课、拓展阅读和写作任务）时也需要继续保持。传统观点认为，学龄学生一般会保持5—10分钟的注意力，但需要注意的是，相对注意力是与任务相关的。有时候，看着一个孩子专注于一项具有内在动机的任务，你会惊叹于他对这项活动的独特投入。

事实上，任何人的持续注意力都会被间歇性焦点丧失打断。各种事物似乎突然出现在我们的脑海里，然后我们就偏离了任务或主题。因此，保持注意力的技巧不是延长一个人的注意力持续时间，而是在注意力丧失后能够选择回到任务上。这些技巧包括注意到注意力何时减退，以及有策略让注意力恢复到最佳状态。这些策略可以很简单，比如在便签上记下你脑海中闪现的东西，然后便签放在一边并回到手头的任务中，或者深呼吸，重新集中注意力。

成年人经常使用各种策略来帮助自己维持注意力和精力。例如，当你有一项任务要完成时，设置一个计时器可以帮助你集中注意力。我们经常给学习写作的学生讲安东尼·特罗洛普（Anthony Trollope）的故事。特罗洛普是维多利亚时代一位多产的作家，他会设定一个 15 分钟的计时器，要求自己在这段时间必须写 250 个单词。特罗洛普每天早晨保持这个速度写作三个小时，然后到邮局开始他的工作。他认为正是一直坚持这一策略才能让自己在 35 年里创作了 49 部小说（Trollope，2014）。

当然，特罗洛普没有面对手持数码设备的诱惑。在过去十年里，任何站在初中生或高中生面前的教师，都必然熟知教育工作者必须与学生斗智斗勇，减少他们在课堂上使用智能手机的行为。情况到底有多糟糕？罗森（Rosen，2017）发表了一项关于青少年在 15 分钟定时学习期间行为的研究，研究发现参与实际学习的平均时间少于 10 分钟，这让研究者们感到沮丧。超过三分之一的专门学习时间浪费在了社交媒体和查看手机上。不过幸好，同一项研究还发现，如果学生知道可以在每 15 分钟的学习后进行一分钟的"手机检查"，他们的注意力能够一直保持较高的水平。

让我们想想到底发生了什么。对于这些青少年来说，真正让他们分心的并不是拥有智能手机，而是内心的焦虑，他们害怕错过。当他们知道自己可以查看手机时，他们就会觉得没必要在学习时间看手机。换句话说，改变环境条件能够减少学生的焦虑，并增加他们的注意力。

这个观点很重要。虽然我们不能明确地教学生如何保持注意力，但是老师确实对学生的注意力有很大的影响。例如，一个安静的环境有利于考试、阅读、写作和做其他学术任务。我们知道，但是我们的学生知道吗？唯一确定的方法就是教他们。

六年级的科学老师雅斯明·法哈德（Yasmin Farhad），在中枢神经系统的课程中讲授过有关影响注意力的生物因素的知识。她利用这些知识指导学生创造有利的学习环境。"我们讨论过注意力，讨论过大脑是如何工作的，尤其集中讨论了额叶和顶叶皮质区域的功能。"她说，"我将这一知识点应用到他们的阅读习惯上。我组织学生讨论：当你在做科学作业时，戴着耳机听音乐是不是一个好主意？学生把掌握的大脑相关知识与这个问题联系了起来。"对于法哈德女士来说，在她的科学课上学习认知管理是很自然的，她的课堂帮助学生认识了一个社会的、物理的以及生物的世界。"我有意寻找运用科学知识提高自我认识的方法。一个每个人都掌握的概念？就像多任务处理一样，这根本不存在！他们可以解释为什么这在生物学上是不可能的。"

教师的元认知对学生的注意力也有影响。专业的教师能够监控他们的听众是否有不安和注意力不集中的迹象，并且，不会对某些学生的这些行为特意指出、纠正。他们不认为这些行为是不尊重教师的表现，也不会认为注意力不集中是学生的个人缺陷。相反，他们会改变自己讲课的节奏和活动方式，通常会结合一些肢体动作和交流。教授低年级学生的老师可能会宣布这些活动为"大脑休息"，以"摆脱愚蠢"。教授高年级学生的老师可能会引导学生进行呼吸练习，以重新集中注意力，或者要求进行一次简短的伙伴谈话活动。

教育界普遍认为，这样的停顿是优秀的课堂管理技巧，但它更是教学内容之一，教师可以也应该利用它来培养学生的元认知意识，让他们学会控制自己的注意力。将此类停顿与目的性提醒结合起来（即，"我们这样做是为了让你能重新集中注意力"），就能够帮助学生理解注意力的重要性，更加有意识地监控自己的状态，并在必要时采取行动改变状态。

例如，美国历史老师伊冯·梅森（Yvonne Mason）在她的课堂里运用了"思考–配对–组合（Think-Pair-Square）"的方法帮助学生重新集中学习注意力。首先，利用一些安静的时间要求学生思考一个问题或主题；然后，学生与指定的伙伴分享他们的观点；最后，以伙伴为单位两两组合形成四人小组，并继续在四人小组内分享观点。梅森女士指出："这些简短的对话让学生有时间处理所学知识，并与他人核对自己的想法。我发现他们能够更长时间地关注课程内容，学习更多知识，甚至开发一种技能或工具来集中注意力。"这个由三部分组成的程序为学生提供了时间和空间来考虑复杂的观点，而且它还有一个额外的好处，那就是同学之间的相互问责。在学校和实际生活中，独立思考兼顾与人沟通的习惯是一项重要的技能，它能培养毅力，让你在遇到难题时勇于迎难而上地解决问题，而不是选择逃避。

四、目标设定

你听说过有人形容学生"缺乏动力"吗？也许你听别人说你自己没有动力。无论怎样，你至少可以想出一个场景，自己在面对该场景的任务时缺乏动力。

你可能有一些绝佳的理由来解释你为什么没有动力〔南希（Nancy）对学习瑜伽有一种无力感，但瑜伽是道格（Doug）最近最感兴趣的事情〕。但是低动机往往归结为一个事实：你的活动没有任何目标。道格已经设立了个人瑜伽目标，他每次训练要练习 26 个体姿，提高这些体姿的水平，他将这种练习视为提升跑步成绩的一种途径。在瑜伽教练的指导下，道格也为每个姿势的表现树立了示范样板，并监督自己朝着既定目标稳步前进。简而言之，一个人的动力，或者说缺乏动力，很大程度上是由他的目标推动的。

设定目标对教育工作者来说是一个挑战，因为不像成年人可以选择参与某些活动而回避其他活动，我们通常期望学生参与设定好的所有任务。无论是否觉得这些课程特别有趣，他们都必须整天在学校进入课堂。因为动机是可变的，并受个人目标的影响，那些希望培养学术动机的教师必须帮助学生建立和监控学习的相关目标。

但是说到影响学习，并不是所有的学术目标都是平等的。让我们更仔细地看看表现目标和掌握目标之间的差异。

表现目标（performance goals）

有些目标用于确定学生在群体中的相对地位，而不是为学习设置的。这些表现目标通常有社会比较元素，因为它们可能涉及将一个人的表现与其他人的表现进行比较。表现目标的一个很好的例子是：平均绩点（GPA）达到4.0。当然，努力学习以实现 GPA 达到4.0，设定这个目标的学生可能会基于好几个理由：也许她想成为班级的优秀毕业生代表并发表毕业演说，也许她知道班级排名影响大学录取，或者她知道父母重视毕业成绩。但是追求表现目标是有代价的。激烈的排名竞争可能意味着放弃管弦乐班，而选择更重要的大学预修课程（AP）。

这就是南希的女儿在高中四年级时面临的困境。在高中三年级结束的时候，她和另一名学生的平均绩点并列第一。她曾盘算过，要想成为优秀毕业生代表，她需要上一定数量的预科课程。但这么做意味着她将无法上乐团的第四年课程，这是她喜欢的一门非重点课程。最终，南希的女儿决定继续留在乐团，并无怨无悔地完成了这一年的课程。她后来说："这让我在一生中最忙碌的时候都没有间断拉小提琴。多争取了一年的时间能够让我拉得更好。"南希的女儿最终考上了一所好大学，在大学的一个管弦乐队里演奏（"为了快乐，而不是为了竞争"），还获得了计算机科学学位。

表现目标本身及其所倡导的导向并不是错误的。它实际上非常人性化，反映了一种对成就、认可和尊重的自然渴望。但是，如果学习者的目标主要是表现性质的，那么它实际上会破坏学习。以表现为目标的学生通常展现出更高程度的焦虑，部分原因是他们担心自己只是"看起来很聪明"，而会被视为"愚蠢"。在最糟糕的情况下，表现目标导向会抑制冒险行为。我们中很多人都会遇到过这样的学生，他选择了一门不那么具有挑战性的课程，因为他认为这是一门有保障的课程，而没有在一门难度更大的课程中发挥自己的能力。这是一个表现回避目标（performance-avoidance goal）的例子，学生试图避免在更具挑战性的课程中表现得比其他同学差。

掌握目标（mastery goals）

与表现目标不同的是，掌握目标关注的是学习本身，往往是实现个人最佳状态，而与他人的表现无关。具有掌握目标心态的学生在学习中更有心理弹性和持续性，对学校有更积极的态度，把成功归因于自己的努力，并更有效地使用认知和元认知技能（Midgley，2002）。

我们为自己设定的许多目标都是掌握目标。例如，你很有可能通过阅读专业书籍来加强你的教学。你的目标可能不是成为年度最佳教师，但你确实希望成为比去年更好的教育工作者。表现目标和掌握目标之间的区别就是想在西班牙语考试中得 A 而不是学习说西班牙语。我们并不是认为取得好成绩不是一个值得追求的目标，而只是认为培养一种掌握目标的导向是至关重要的，这种方向与学校教育中固有的表现目标是一致的。

一项针对 13—15 岁理科生的研究表明，培养学生树立掌握目标将产生持久的积极影响（O'Keefe，Ben-Eliyahu，& Linnenbrink-Garcia，2013）。学生在学年中段接受了调查，发现他们都持有以成绩为导向的目标。这些学生后来参加了一个为期三周的暑期科学强化项目，该项目依照"以掌握为目标导向的教学环境"进行组织架构。这个项目的目的是根据学生表达的兴趣，提供特色课程体验。它鼓励智力冒险和调查（例如，老师会问学生："你觉得怎么样？"而不是仅仅提供答案），提供形成性和总结性反馈，关注学生的学习进程和策略的使用，而不仅仅关注学生取得的学习成果；它提供了一个基于社会交往设计的学习环境，鼓励友谊、同伴合作和相互情感支持。项目参与者在暑期项目结束时接受了调查，他们的观念已经从表现目标导向转向了掌握目标导向。

是的，这是学习环境的结构影响学生目标的证据。但真正有趣的是，当这些学生第三次接受调查时，正好是学校的下一学年，即使他们目前的学习环境是以表现目标为导向的，但他们依然持有掌握目标取向。这里的结论是，一套关于掌握学习的信念被接受并强化后，可以成为学习者内在本质的一部分。

那么，教师如何构建学习环境来增强掌握目标导向呢？与其公开展示学生的阅读水平，鼓励竞争、社会比较和表现目标导向，不如创建一个公告板，让学生报告他们正在使用的提高阅读水平的策略（例如，选择一本书与朋友一起阅读讨论，大声朗读给弟弟妹妹听）。在给学生形成性反馈时，一定要包括掌握目标，比如讨论学生的"个人最佳"造诣，在测验和测试中回顾学生的成长轨迹。还可以调查学生的兴趣，并创建学习机会，让他们了解位于底层、等待使用的现有掌握目标。

也许鼓励掌握目标最重要的方法是教师自己使用并向学生展示。教师能够自我管理自己的学习，与他们课堂上掌握目标导向的可能性之间存在很强的正相关关系（Gordon，Dembo，& Hocevar，2007）。与其他研究成果结合反思表明：教师的教学方式与他们自己的学习方式是一致的。一定要和学生分享你学习新事物的经历以及你为什么选择这样做。多米尼克（Dominique）经常和他的学生谈论他正在做什么来提高自己的技能，并将掌握目标作为谈话的中心。这让他有机会来讨论心理弹性（见第三章），这是一种面对挑战时勇于坚持的方法。

诺亚·罗德里格斯（Noah Rodriguez）和他的七年级科学学生一起积极制定目标，带领他们检查预评估结果，根据测试结果制定个人目标，并确定学生是否掌握了证据。以下是他的学生设定的一些能够证明的掌握目标：

◎每次使用资料来源，我都会正确引用我的证据。（安布尔 Amber）

◎我会找到适合主题的证据。（弗雷迪 Freddy）

◎我会收集准确的信息并记录我的收集过程。（奥利维亚 Olivia）

正如上述所示，你帮助学生设定的目标永远都应该是可发展的，随着学生的不断进步，应该有常规机会回顾目标，并更新自己的目标。

五、识别和解决问题

认知管理的另一个关键因素是学生识别和解决问题的能力。芬恩是本章开头介绍的三年级学生，他意识到，按时完成项目需要解决一个问题，即他将在祖父母家度过一周的时间。他的解决办法是尽早开始这项任务，以便在离开之前完成大部分工作。在解决问题时，芬恩规划了几个过程，并得到了其他人的支持。

解决问题必须从认识到问题的存在开始。这离不开经验和专业知识；我们学会预测问题的另一原因是我们会犯错误。犯错误是成长心态研究的一个关键前提。尤其是如果一个人有机会尝试反思是什么导致了失败，他就可以"从失败中汲取教训"进而获得成长。芬恩之前可能犯过类似错误，等待太久才开始一项任务，而导致任务失败。我们还记得作家安妮·拉莫特（Anne Lamott）1995 年对她哥哥描述过类似的经历，以及她父亲提出的明智建议：

> 30 年前，我的哥哥当时只有十岁，他正试图写一篇关于鸟类的报告，有三个月的时间来完成。在第二天就要交稿的时候，全家都在波利纳斯家里的小屋里，哥哥坐在厨房的桌子旁，眼泪快要流下来了。他被活页夹纸、笔和未开封的关于鸟类的书包围着，被眼前艰巨的任务压得动弹不得。我父亲在他旁边坐下，用胳膊搂住我哥哥的肩膀，说："一只鸟一只鸟地来，伙计。一只鸟一只鸟地写。"（19 页）

诚然，犯错是一种很艰难的学习方法，但它有助于问题识别，尤其是在看到一个熟悉的模式（"嘿，这种情况就像我几个月前遇到的一样！"）时。识别问题并在新情况下应用解决方案，衡量的是一个人知识迁移的能力（Perkins & Salomon，1992）。我们在团队运动中的精英运动员和有世界排名的国际象棋棋手身上看到了同样的能力，他们似乎能够预测运动场上的发展或棋局走向，然后在事情发生之前就开始想相应的对策。为了解决问题，他们会迅速调整策略。同样，这是对问题的模式识别在发挥作用。

儿童和青少年经常需要支持和指导来认识与解决问题。对他们来说，学术上或社会上的挑战看起来难以招架，甚至造成伤害。当然，这也有发展的意味。非常年幼的孩子从学习道歉的力量中获益：道歉是一种挽回局面的方法。但是随着年龄的增长，孩子们遇到的问题往往变得更加复杂。

在我们工作的学校里，面对学生依靠自己似乎无法解决的挑战，老师们可以按照以下解决问题的步骤帮助学生制订计划：

◎听学生对问题或任务的描述。

◎提出澄清性问题，帮助学生从复杂问题或干扰性问题中找出中心问题或任务。

◎根据你的理解重新陈述问题或任务，并把它写下来。

◎问学生首要的正确的事情是什么。继续做下一件正确的事，然后再做下一件。

◎写下学生提出的想法。

◎如果学生卡住了，提供一些如何开始的思路。

◎制订一个计划，跟进学生的情况，看他是否能把计划付诸行动（Fisher et al.，2012）。

拿艾丽尔（Ariel）的例子来说，她是一名十年级的学生，很难平衡自己的课业负担。她在作业上落后了，但只是尽量躲避老师的检查，而没有寻求解决办法。过了一段时间，她觉得赶上作业进度似乎是不可能了。但是她和导师进行了一次谈话（并照着上述脚本逐步进行），导师提示让艾丽尔和每一位老师交谈，并制订一个恢复计划，重新协商两项作业，并完成剩下的。

同样的脚本可以用来帮助学生在课堂上解决复杂的问题（艾丽尔的数学老师一直在用它）。它非常强大，因为它明确示范了如何完成多步骤解决方案。

六、寻求帮助

具有较强认知自我管理能力的学生能够区分哪些问题可以自己解决，哪些问题（或在解决问题的过程中）需要寻求帮助来解决。

每次遇到困难或挑战都寻求帮助的孩子，没有培养出坚持成为独立学习者所需的韧性和毅力，对他们来说，寻求帮助和避免敏感的重要性十分明显。或者，那些经常拒绝帮助的孩子（即使很明显，他们的老师认为只有依靠帮助才能成功完成任务）会让他们自己和老师都感到沮丧。

善意的成年人可能会无意中造成这两种问题。以习得性无助（learned helplessness）为例（Maier & Seligman，1976），关键字是习得（learned），是由他人和环境教会的。这种习得可能是由于老师提供了答案而没有搭建教学支架，也可能是由于老师太快、太频繁地介入，学生缺乏解决难题的经验。

让我们比较两个课堂对话：

学生：怎么拼写 government？

老师：Government。

学生：怎么拼写 government？

老师：让我们一起想一想，因为我相信你知道的比你认为的要多。政府的词根是什么？

学生：执政（Govern）。

老师：太对了！你能拼一下吗？在一张小纸片上试试（学生写下单词 govern）。现在后缀是什么？也把它写下来，看看是不是对的（学生加了"-ment"）。你认为这个拼写对不对呢？

学生：我认为是对的。

老师：你成功了！当我要写一个我不知道怎么拼写的单词时，我也会用同样的方法。我会首先想这个词我已经知道的部分，然后把它写下来，再看看它看起来对不对。

简单地告诉一个学生正确的拼写是快速方便，当然，我们所有人在很多情况下都这样做过。坦率地说，如果问这个问题的学生是一年级的学生，我们大多数人只会提供拼写。但如果这是一个高年级的学生，她至少已经掌握了一些她没有用到的知识，那么第二种方法是一个更好的选择。这一方法让学生能够利用自己的认知资源，而不是告诉她，她不需要知道如何拼写，或者你认为她不可能知道。我们的学生不是无助的，重要的是我们没有教他们如何寻求帮助。

在统一体的另一端是一个学生在明显需要帮助时拒绝帮助。想想那个在地板上打滚蹒跚学步的幼儿，尽管还缺乏运动技能，他还是坚持要穿上雪地靴，自己走路。

你可能熟悉的这种行为的一个版本，学生拒绝使用提供给他们的支持资源。我们非常了解这种情况。我们工作的学校提供了大量的辅导机会，帮助学生完成家庭作业，补上迟交的作业，为考试复习，以及重新做第一次没有成功的作业。我们称之为学业修复（academic recovery），并积极推广使用。然而，总是有一些学生拒绝这种帮助，即使他们无法完成作业。

在拒绝帮助的过程中，他们有各种各样的性格和习惯，包括任务回避、否认和对情绪激动情况的自动反应。让这些学生走上寻求建设性帮助的道路，可能需要教师团队的努力，提醒他们学业修复的机会，需要教学管理督导与他们单独会面，更需要家庭成员鼓励他们培养更有效率的习惯。这项工作不容易，但如果我们想让学生坚持，我们也必须坚持。

培养学生寻求帮助的能力，让他们自主决定何时应独立解决问题、何时需要（和应该接受）帮助，应该成为明确的教学目标。我们十分赞同萨蓬希芸（Sapon-Shevin，1998）所说的寻求帮助课程（helping curriculum）。她假设所有的学生都需要学习四个维度的帮助。实际上，我们可以更进一步说，不仅学生需要学习这四个维度，掌握它们对于每个人拥有成功的家庭生活和成人职业生涯都是至关重要的。每个人都需要掌握解决问题的四个基本要素：

1. 如何寻求帮助。

2. 如何帮助别人。

3. 如何接受帮助。

4. 如何在尚未准备就绪的情况下礼貌地拒绝提供帮助。

四年级老师大卫·格林菲尔德（David Greenfield）认为，寻求帮助课程能够建立学生茁壮成长所需的情感支持性课堂气氛："我在开学第一天就介绍了寻求帮助课程，我们用一个简短课程开始，介绍每一种帮助行为看起来和听起来是什么样子。随后我用这些内容与学生讨论书中和文章中人物所作的决定。"学生已经注意到，书本中的问题或解决方案往往与这些想法之一有关。例如，小说《淘气包马吉》（*Maniac Magee*）（Spinelli，1990）为正在进行的关于帮助的对话提供了基础材料。格林菲尔德说："我们对整部小说进行了梳理并列出了一份清单，列出了一些主要人物关于寻求帮助的观点，包括正确与错误的。"他指出，帮助已经成为课堂语言的一部分。"当一个学生陷入困境时，我听到同学们互相鼓励思考如何寻求帮助。'你需要我的帮助吗？或者你还在继续想办法？'我经常听到这种说法，"格林菲尔德说，"听到他们以如此相互支持的方式交谈，真是太棒了。"

七、善作决策

解决问题的能力与决策直接相关。解决问题过程中需要具备的能力包括考虑不同的可能性或路径，选择一个，然后采取行动。坚持两个不同的概念并思考这两个概念的异同的能力被称为认知弹性（cognitive flexibility）。它在学习任务中的表现方式包括，能够比较和对比理论，提出假设，并进行总结思考识别因果关系（Jones et al.，2017）。

为了培养认知弹性，学生需要有机会作出决定。年幼的孩子可以每天投票决定哪两个故事由老师朗读。小学生可以比较和对比历史叙事与当代文学作品描绘克里斯多弗·哥伦布（Christopher Columbus）的异同，并就这个话题展开辩论。我们所在中学的一位同事经常和全班学生比赛拼字游戏（Scrabble），她用这个游戏讨论学生正在使用的策略。中学生则可以研究学校的名称如何用以纪念南方联盟将军，并写信给教育行政官员表达自己的意见。

培养良好的决策能力还需要学生练习反思和评估选择。高中物理与解剖学教师梅格·诺顿（Meg Norton）从《豚鼠科学家》（*Guinea Pig Scientists*）（Dendy & Boring，2005）中摘录了一些片段，谈论那些在自己身上做实验的科学家们作出的决策。"当研究传染病的周期时，我们阅读和讨论了丹尼尔·卡里翁（Daniel Carrión）的决策。他为了研究巴尔通氏体病而将它注入自己体内，"她说，"剧透警告：他死了。现在回顾该事件，我们可以轻易地说这是一个糟糕的决定，但我想让他们猜测一下，卡里翁是如何作出这个选择的。"诺顿女士让学生列出两个列表：一个是卡里翁所知的自我实验的优点和缺点；以及一个他不知道的事情的列表。诺顿女士告诉他们："有时候，正是因为不知道自己还有未知的东西，才会导致我们基于所有正确的理由作出错误的决定。"

八、组织技能

当学生意识到不可能把学校所需的所有知识都记在脑子里时，他们的生活就会产生一个重大的转折。他们需要把事情写下来，规划出流程；为了掌握概念，他们需要进行研究。换句话说，他们需要使用组织技能。

令人高兴的是，帮助学生发展组织技能的支架十分常见——本章讨论的认知自我管理的其他组成部分，相比而言则相对较少。这些支架包括有形的和数字的组织结构，如文件和笔记本电脑，它们能向学员展示组织信息和材料，使得检索更容易。还包括工作计划，以及老师创建的清单和时间表，它们能帮助学生计划和修改更复杂的项目，比如芬恩完成的关于哥斯达黎加的项目。

组织支架在成人世界普遍存在，这提醒我们，人发展组织技能的速度大不相同，掌握程度也大不相同。总的来说，具备一定认知自我管理能力的人与没有该方面能力的人之间，在中学时代似乎会逐渐出现差异。这种差别在学习技能方面尤其明显，学习技能是组织技能的一个重要组成部分。

哈蒂（Hattie，2009）研究小组将学习技能分为三类：

◎ 研究性任务（Study tasks），如总结笔记和组织概念；

◎ 元认知能力（Metacognition），尤其是进行自我质疑和监控自我学习；

◎ 性格和动机（Dispositions and motivations），比如设定目标和计划。

总的来说，学习技能影响的效应量大小为 0.63，这意味着它们对学习有很强的影响。在这一章中，我们已经对这些要素开展了许多讨论，但重要的是，要注意学生独立使用这些要素的能力是关键——事实上，这是认知管理的一个主要结果。

同时培养学生的学习能力和组织能力，有一个简单的方法，就是引起学生的注意。表 4.1 改编自戈登及其同事（Gordon et al.，2007）开发的调查表，目的是帮助中学生衡量自己的组织知识、研究技能和性格。我们对问题进行了重新组织，以突出项目如何聚集到各类别中。

七年级数学老师胡安·卡洛斯·鲁伊斯（Juan Carlos Ruiz），在开学的第一个月下发了这个清单，让学生思考自己的学习进程。"今年的数学课是初级代数，学生必须在课外花时间来掌握，"他说，"这个年龄的孩子很多都仍然坚持认为，他们只需要记住公式，就可以掌握所有内容。但我需要他们学会冷静地思考。"这门课用数据进行了几次数学计算，包括集中趋势的测量（如平均数、中位数、众数）。最重要的是，他们讨论了数学思考者的习惯。"在十月初的返校之夜，我让学生准备了一份关于自己成绩的简短报告，以及对自己学习习惯的分析，"鲁伊斯先生认为这是让家庭参与帮助孩子的好方法，"中学数学变得更难，更有挑战性，家长有时不能确定自己能否帮助学生。所以我展示给家长，共同讨论良好的组织技能和掌握目标是他们提供帮助的最好方式。"

表 4.1　学习进程测量

在 1—5 的范围内给每个项目打分。选择能够描述你学习方式的最佳答案。					
自我监控	**从不**		**有时**		**经常**
在测验或考试之前，我计划如何研究相关材料。	1	2	3	4	5
对我来说，在课堂上确立学习目标很容易。	1	2	3	4	5
我很清楚自己在课堂上想要达到的目标。	1	2	3	4	5
在开始解题之前，我需要认真阅题，确保知道题目要求我做什么。	1	2	3	4	5
在真正开始解决问题之前，我试着在头脑中组织形成一个方法。	1	2	3	4	5
学习时，我会记下所掌握或没有掌握的所有材料。	1	2	3	4	5
我把学习时间安排得很好。	1	2	3	4	5
完成一个问题后，我会检查答案，看看它是否合理。	1	2	3	4	5
做完习题后，我会检查我的作业是否有错误。	1	2	3	4	5
深层策略	**从不**		**有时**		**经常**
我通过练习问题来检验自己对新概念或新规则的理解。	1	2	3	4	5
解答问题时，我会分析它，看是否有不止一种方法可以得到正确答案。	1	2	3	4	5
在学习的时候，我尝试用新的方式把不同的信息组合起来。	1	2	3	4	5
我用图片或图表来帮助自己解决问题或整合新的信息。	1	2	3	4	5
学习的时候，我解答了几个相同类型问题的例子，这样我可以更好地理解问题。	1	2	3	4	5
我检查已经解决的示例问题，以帮助自己了解如何独自解决类似的问题。	1	2	3	4	5
在开始动手之前，我先把问题分类。	1	2	3	4	5

浅层加工	从不		有时		经常
我努力记住课文或课堂上出现的解题的步骤。	1	2	3	4	5
考试前学习时，我复习课堂笔记并解决存在的问题。	1	2	3	4	5
学习时，我会使用笔记或课文中已经解决的问题，帮助记忆所涉及的步骤。	1	2	3	4	5
坚持不懈	从不		有时		经常
如果理解一个问题有困难，我会把它再看一遍，直到理解为止。	1	2	3	4	5
遇到困难的作业问题时，我会放弃并继续讨论下一个问题。	1	2	3	4	5
环境构建	从不		有时		经常
我会安排一个没有干扰的学习场所。	1	2	3	4	5
我把自己与任何分散注意力的东西隔离开来。	1	2	3	4	5
我在一个能集中注意力的地方学习。	1	2	3	4	5

来源：经许可改编自《教师自身的学习行为是否影响其课堂目标取向和控制意识形态？》（*Do Teachers' Own Learning Behaviors Influence Their Classroom Goal Orientation and Control Ideology?*），by S. C. Gordon, M. H. Dembo, and D. Hocevar, 2007, *Teaching & Teacher Education, 23*。

本章重点

认知管理是社交与情感学习的一个重要方面。为学生提供适当的学习机会，就是在创造一个更专注、更有目的性的课堂。我们的目标是让学生明白，他们有能力识别自己的思维，提升注意力（如有需要，发展重新获得注意力的技能），设置并监控自己的目标，识别并解决问题，发展决策技能，最终变得越来越有条理。

 **思考题**

1. 你是否为学生示范如何开展元认知思维？你给学生提供机会实践和发展他们自己的元认知技能吗？

2. 你用什么工具来吸引学生的注意力？当学生的注意力分散时，你是否会对他们重新聚焦学习的能力进行反馈？

3. 你给学生设定目标了吗？如果是的话，他们的目标是什么？学生是否有机会重新审视他们所设定的目标，以共同进步？

4. 你有没有明确地教学生如何识别和解决问题？你是否为他们提供足够的时间？

5. 你是否明确地教过学生如何作决策？当有更好的选择时，你是否给他们机会去作决策并从决策中学习？

6. 你的学生需要发展什么样的组织能力？如何在课堂学习的过程中满足这些需求？

第五章　社交技能

　　阿尼萨（Anissa）是八年级的学生，今天她很晚才进入历史课课堂。她一言不发地把迟到的纸条递给老师。阿尼萨通常很健谈、友好，加西亚（Garcia）先生注意到了她举止上的异常。

　　不一会儿，阿尼萨加入了学习小组。这个小组是班内四个小组之一，主要任务为调查1800年至1860年间从北欧到美国的移民情况。根据小组分工，她应该开始自主学习任务，但今天她却只是坐在这里。

　　加西亚先生走到阿尼萨的桌前，问她是否有话要说，她抬起头来，眼睛里充满了泪水。"到我办公桌前坐几分钟吧。"加西亚指着桌子旁边的"谈话椅".平静地说。所有的学生都知道，坐在这把特别大的椅子上之后，就可以分享自己的所有想法。有时他们会在课间、午餐时间或放学后坐在这把椅子上。学生都知道加西亚先生不会窥探隐私，只会认真地倾听。

　　"这没什么大不了的，真的，"平静下来后，阿尼萨说，"只是一个朋友昨晚在色拉布（译者注：Snapchat，也称阅后即焚，照片分享应用）上发布了一些刻薄的东西，我告诉她这是不对的。照片虽然是别人的，但如果有人对我这么做，我会疯的。我会在意其他人的看法。"

　　加西亚先生回应说："你在乎的人做了你认为不对的事情，这真的很难办。这会让你质疑这段关系。当你告诉她这不对的时候，她说了什么？"

　　"她生我的气，说我是叛徒。"

"这真的很难办，"加西亚先生说，"你做了正确的事情，却产生了消极的后果，这会让你下次不想做正确的事情。就像我们之前说过的，在不受欢迎的情况下，坚持做正确的事情并不容易。我能问点别的吗？色拉布上那个人安全吗？发布的照片问题有多严重，我们需要和校长卡斯提略博士（Dr. Castillo）谈谈吗？"

阿尼萨摇了摇头，说："不，这太粗鲁了。不管怎样，我朋友把那帖子删了。我只是不知道如何在保持友谊的同时坚持做正确的事情。放学后我们能再多谈谈吗？"

"当然，"加西亚先生说，"你可以随时找我谈。我认为这次的事情能够让你更懂得同理共情，它能帮助你理解别人的观点。当双方都想修复关系的时候，有很多方法。我期待着我们的对话。"

阿尼萨和她的朋友所经历的这种困难，在年轻人的生活中并不罕见。社交媒体让问题变得更为复杂了，轻视和伤害情感被成倍放大，这是我们成年人在上学时从未经历过的。当学生在努力解决这些问题时，我们的建议比以往任何时候都重要。当然，让自己卷入青少年的个人麻烦中总是很棘手的，同样有可能的是，阿尼萨一开始就不会向加西亚先生敞开心扉。但有几件事对他（和她）是有利的：

◎加西亚先生注意到，阿尼萨同往常不一样。你必须了解学生，才能发现状况，才能发现他们遇到了问题。

◎他和阿尼萨建立了一种关系，可以进行即兴对话。

◎加西亚先生能够利用 SEL 的相关主题，即之前在课堂上讨论过的同理共情和关系修复。一旦为讨论社交技巧奠定了基础，帮助学生发展社交技巧的工作就会变得更容易。

◎在课堂上和生活中，积极的社交技巧和人际关系基本都具有传染性，消极的也同样如此（Marsden，1998）。糟糕的人际关系会迅速蔓延到其他人身上，并破坏学习。这就是为什么必须在个人和课堂层面上培养社交技能与积极的人际关系。一项针对近1800名青少年的研究发现，学生个体的幸福感可以预测其同学的幸福感，反之亦然（King & Datu，2017）。根据这一理论，加西亚先生对阿尼萨幸福生活的关注，预示着课堂里其他学生的关系正向着良性方向发展。这里有一个重要的概念不应该被忽视：关系从你开始。你是学生之间关系发展的纽带。

一、社交技能的定义

人天生就是社会化动物——能够为了实现群体目标而相互联系。事实上，人类正是在获得合作和协作的能力之后，才得以突飞猛进地发展（Pinker，2012）。语言、工具和流程可以跨代、跨社群共享。在现有的所有文化中，人们都发展出友善交往技能（prosocial skills）。友善交往技能主要应用在与他人的互动中。前几章讨论的大部分技能尽管都是针对个体内部的技能，但这些技能都可以在友善交往技能中发挥重要作用。

友善交往技能包括帮助行为（参见第四章）以及分享和团队合作等，本章将对这些技能进行更详细的研究。这些友善交往技能是运用于行动之前的（因此得名，译者注：prosocial 与 proactive 有相同的前缀），意味着它们是与他人发展友善关系的基础，但并非发展人际关系本身。换句话说，你可以有良好的友善交往技能，但没有强大的人际关系。想想看，你每天有多少次为没有关系的人运用帮助、分享和团队合作等友善交往技能。帮别人开门、在地铁上为老弱病残让座、在超市耐心排队，这些都是友善交往技能，即使相互陌生，也能让我们作为一个群体共同发挥作用。友善交往技能有助于提高社交能力。

友善交往技能是建立和维持人际关系的先决条件，但并非建立和维持人际关系本身，而人际关系仅有部分可以发展成友谊。人际关系需要另一套技巧——善于沟通、同理共情和修复受损关系的方法等。同理共情是理解和分享他人经历或感受的能力，是人际关系中的关键驱动力。良好的同理心是利他主义决策的必要条件，能够在决策时兼顾他人的利益。人际关系技巧更为复杂，需要大量成年人的指导和协调，帮助儿童和青少年变得更有竞争力。我们将首先讨论分享和团队合作相关的友善交往技能，这些技能将把课堂变成社区。

二、友善交往

友善交往行为受他人期望的影响。有时也称之为规范行为（normative behaviors），意味着这些行为反映了社会规范——关于正确或最理想的行为的共识（例如，年龄较大的儿童应给予更年幼儿童更多的宽容度）。

集体意见很重要，这就是超越标准的遵从要求，创建课堂规范如此有效的原因。有证据表明，有观众以及环境的社会规范影响强大时，儿童和成年人会更频繁地实施友善交往行为（House & Tomasello，2018）。本书三位作者工作的学校，事实上也遵循三种友善交往性质的规范：

1. 照顾好自己。

2. 互相照顾。

3. 照顾好这个地方。

当然，将这些规范付诸实践，需要全面学习本书中描述的社交与情感学习原则。开学第一周，学生和老师会列出在课堂上展示这些原则的方法。教师和学生共同构建符合友善交往规范的课堂规则。科学课堂通常对实验设备有特定的规定（"照顾好这个地方"），但许多规定围绕着第二个规范（"互相照顾"）展开。例如"即使你不同意，也要恭敬地听"和"让步并允许别人发表意见"。在这些规则中存在着团队合作的机制。

友善交往行为可以分为三类：分享、帮助和团队合作。我们在第四章的认知管理中讨论了帮助，接下来我们将深入探讨分享，这是利他主义的前导；接着还要讨论团队合作，包括课堂上的合作。

彼此分享

任何一个接触过幼儿的人都知道，早期的分享行为一般是不情愿的。通常，拒绝是幼儿对成年人或年长兄弟提出要求的正常回应，同时大人也会随即提醒，分享是一件正确的或合理的事情，因此应将其视为一种社会规范。小学和幼儿园的教师可以（而且应该经常）遵循同样的模式，在课堂规则中添加规范信息，帮助学生建立"分享"规则之外的期望。比较一下"现在是时候和别人分享球了"和"现在是时候和一直在等待的人分享球了，分享是我们相互关心的一种方式"。

自愿地分享资源和材料对一些孩子来说是一个挑战，但作为积极关系的基础技能，它值得鼓励和练习。比如小学生认为部分资源共享是他们之间友谊的标志（Liberman & Shaw，2017）。幼儿园老师基利·法默（Kiley Farmer）和她的学生一起玩游戏，让他们养成互相合作和分享的习惯。"在新学年开始的时候，我阅读了《这是我的》（*It's Mine*）（Lionni，1996）这本书。它讲述了三只青蛙互相争吵的故事，暴风雨来临前，青蛙们都意识到自己多么需要对方。"她说，"我们挂了一张青蛙的照片来提醒我们不要像青蛙一样对待彼此。"法默女士确保建立了自己的学习环境，这样她的学生就能得到很多机会练习分享。"艺术用品、数学工具、便笺……，我经常让两个学生用一套材料一起工作。当他们更善于分享时，我就把小组扩大到三四个人一组。这是培养他们团队合作能力的好方法。"

团队合作

与他人有效合作的能力被广泛认为是一项基本技能。这种友善交往行为被不同程度地描述为21世纪的技能（Partnership for 21st Century Learning，2015），或者在工作世界中被称为"软技能"（SCAN，1992）。与他人合作的能力需要许多其他的社交与情感技能，包括积极的关系、沟通、自我管理、目标设定和承担责任。许多儿童时期的活动（如运动、音乐、戏剧、玩要）都需要团队合作。在学校里，老师通常使用一系列需要共同参与的集体任务来表现团队合作的重要性。我们将协作学习（collaborative learning）定义为一组实践，旨在通过有意义的学术任务促进同学间的互动（Fisher & Frey，2014）。

仅仅把四张桌子放在一起并不能保证合作的成功。我们经常看到学生合作一项任务，只是在很短的时间内一起工作，把他们各自整理出来的部分拼凑在一起。八年级的人文学科老师克莱·韦斯特布鲁克（Clay Westerbrook）几年前就在学生作小组报告时注意到了这种现象。"孩子们会走上讲台，每个人都会谈论他们制作的那张幻灯片。没人能回答关于搭档幻灯片的问题。有时候，这些幻灯片看起来都形态各异。"他说。然而，他真的不知道该怎么办。当韦斯特布鲁克从任务复杂性的角度看待这段经历时，情况发生了变化："我给他们布置了一项任务，他们实际上并不需要对方。他们所做的只是从互联网上剪切和粘贴信息。"

韦斯特布鲁克作出了两个重要的改变。第一个变化是使用同伴评价（peer evaluations）。学生完成了关于演讲内容和演讲风格的反馈表格，并公开与演讲小组分享。"这真的提高了他们保持参与的能力，并练习了提供有用反馈的方法。"但对过程的第二次优化——引入迭代式的展示，才形成真的团队合作。韦斯特布鲁克首先介绍了迭代演示，他的学生团队必须根据前一个团队的陈述来确定内容，而不是指定主题。老师给出第一个演示，然后指出团队的名字，要求他们创建第二个演示报告。基于最初的陈述，该团队必须为他们 5 分钟的陈述确定主题。他说："我让他们用剩下的课时来组织，所以他们必须保持密切的沟通。"当这个团队在作演示的时候，韦斯特布鲁克和班上的其他人一起工作。这支队伍在下节课开始的时候作简短的演示，然后再指出第二个队伍的名字。第二个小组的任务是制作一个演示文稿，用以回答从上一个主题派生出来的问题。"我叫它鲨鱼坦克演示。"韦斯特布鲁克说。例如，在美国建国的历史单元学习中，为了让这个迭代过程滚动起来，"我从一个关于宿命的简短演讲开始。第一个小组想知道我提到的俄勒冈小道（Oregon Trail），所以他们第二天就提出了这个话题"。在接下来的一个星期里，各队展示了山地人和定居者所面临的危险、唐纳党、流离失所的美国西部土著部落、路易斯安那购买案、塞米诺尔人在大沼泽地的生活，以及阿拉莫战役。"这也确实激发了一种新的倾听方式，因为演示结束后，团队才知道自己是否会被选中。"

使用青年团队工作量表（Lower，Newman，Anderson-Butcher，2017）可以跟踪团队合作技能的发展情况。研究证明，包括以下八项内容的自我报告工具可用于9—15岁的学生，并可在一学年内多次使用，以监测进展情况。学生可以使用李克特量表（Likert scale），选择1（一点也不符合）到5（完全符合）之间的数字描述下列情况：

◎我对自己的团队合作能力充满信心。

◎我知道如何在不伤害团队成员感情的情况下给予反馈。

◎我向别人寻求反馈。

◎我努力容纳团队中的其他成员。

◎我重视团队成员的贡献。

◎我对团队成员一视同仁。

◎我善于与团队成员沟通。

◎我对自己的领导能力充满信心。（p.719）

与这种类型的其他评估工具一样，学生的答案可以为未来的对话、设定目标和庆祝成长打开大门。

三、建立关系

人际关系在学生的学习生涯中至关重要。教师和学生之间的关系对学生的成就有很强的影响，哈蒂（Hattie，2009）的报告显示，这种影响的效应量大小为0.52。同样，当我们努力与学生建立关系时，也是为他们树立榜样，示范如何与包括同伴在内的其他人建立关系。因此，在讨论如何建立同伴关系之前，至关重要的是，我们要注意如何以身作则，在课堂上与学生建立健康的人际关系。

师生关系

所有关系，无论关系双方的年龄大小，都建立在互相尊重、互相关心的基础之上。如果不知道尊重自己的学生，我们就不能要求学生间形成健康的关系。学生希望教师能指导他们如何建立校内关系。为了与学生建立健康的、促进成长的关系，教育者需要做好以下工作：

◎知道学生的名字及正确发音。

◎注意语言和非语言交流时的态度，包括面部表情，关注如何让学生感到受欢迎（或不受欢迎）。

◎了解学生的兴趣，找到他们需要学习和阅读的相关材料，并帮助他们探索和拓展这些兴趣。

◎通过家访、电话或电子邮件与学生的家人建立积极的联系。

◎提供与学生相关的高质量教学。

教育中有句谚语，学生不在乎你知道多少，但是知道你有多在乎他们。关心是一段关系的重要组成部分。当我们正确使用别人的名字，与他们谈论兴趣，并寻求与其生活建立联系时，我们正在为如何建立关系绘制蓝图。我们只有表现出关心的行为，学生才会互相关心。

有效的师生关系是相互信任和相互支持，但也有高期望的特点。换句话说，"关心"不仅仅是"友善"。学生希望受到挑战以及支持，他们需要教师成为"热情要求者（warm demanders）"（Vasquez，1989）。戴尔皮特（Delpit，2012）指出，热情要求者"对学生抱有很大的期望，让学生相信自己的才华，并帮助他们在一个有纪律、有组织的环境中发挥自己的潜力"（p.77）。这是一种可以加速学习的关系。

把自己定位成为一名热情要求者需要做哪些实际工作？如果想知道答案，我们建议你看看马克·芬尼斯（Mark Finnis，2018）的《独立思考》

（*Independent Thinking*）（ww.independentthinking.co.uk），他在书中列出了 33
种与学生建立良好关系的方法。

---

1. 成为你学生时代需要的那种人。

2. 先建立关系，后讲解课程。

3. 定期在"社交资本"银行放入存单。

4. 小涟漪产生大波浪；把简单的事情做好。

5. 不要担心事情无法做到 100% 的好；相反，要把 100 件事情都做到更好，哪怕只提升 1%。

6. 了解你的孩子，也让他们了解你。

7. 不要害怕说出"1 开头的单词"——love（爱）。广泛传播爱。

8. 有些孩子上学是为了学习，有些孩子是为了被爱。

9. 每个孩子（和成人）都需要一个冠军。

10. 参与有三种形式：行为上的、情感上的和精神上的。

11. 我们使用的语言创造了我们所经历的现实。

12. 学习不好的"问题学生"还是学习中"遇到问题的学生"？"问题家庭"还是"遇到
    问题的家庭"？

13. 越早参与孩子的生活，才能越早解决问题。

14. 对事不对人。

15. 健康的关系建立在高挑战和高支持的基础上。

16. 惩罚产生的是怨恨而不是反思。

17. 总有三个真理：我的真理，你的真理，真理。

18. 最好的道歉是改变行为。

19. "小事"就是大事。

20. 创造归属感。

21. 多发现学生做对的地方，不要总盯着他们做错之处。

22. 放大优点而不是缺点，关注天赋而不是缺点。

23. 我们用来描述一种经历的语言往往变成了这种经历。

24. 批评性谈话——一定必要吗？记住，孩子的自尊心很脆弱。无论我们怎么做，都会有
    所伤害。

25. 趁热打铁。

26. 我们从被关心中学会关心。

27. 如果没有在示范所教的东西，你必然已经偏离所教内容。

28. 倾听是为了理解，而不是花了时间只为了等待回复。

29. 沉默不是谈话中的间隙，是对话的一部分。

30. 文化存在于每个组织中，关键在于你的文化是精心设计的还是自发产生的。

31. 所有东西都会看起来更好，只要你把它放到合适的地方。

32. 对孩子微笑；这对你们俩都有好处。

33. 总会有另一种方法。

资料来源：改编自 M.Finnis 的《33 种建立更好关系的方法》(33 *Ways to Build Better Relationships*. Copyright 2018 by Independent Thinking)。

同伴关系

当学生与老师建立健康的、促进成长的关系时，他们更有可能与同伴产生同样的行为。教导学生与同伴交往并培养对彼此的尊重，能够为他们提供更有效的问题解决途径。拥有健康人际关系的学生倾向于解决问题，而不是在社交媒体平台上或用拳头表达自己的愤怒。尽管同伴关系需要的不仅仅是对成年人的模仿，但成年人做出榜样，为他们与他人的互动设定了标杆。

作为群居动物，群体归属感对我们的幸福至关重要。青春期是一个特别具有挑战的时期，青少年尤其容易感到被疏远和边缘化。在这个发展阶段，与同伴的关系变得越来越重要，感觉不受欢迎与学习成绩不佳有关，其效应量为 0.19（Hattie，2009），相当于丧失大约半年的学习能力。衡量关系的尺度是一个人对他人的关联感，换句话说，与他人的联系。关联感（Relatedness）是指一个人感受到同伴的关心、尊重，把你看作一个团队或团队中有价值的成员。一项针对 65 所学校近 1100 名初高中学生的研究发现，在重视帮助行为、学生有机会进行学术互动交流的课堂上，同伴关联感更强（Mikami，Ruzeck，Hafen，Gregory，& Alten，2017）。虽然老师不能凭空地使友谊具体化，但我们可以为加强学生之间的关系打下基础。

九年级的历史老师阿贾·布坎南（Aja Buchanan）这样布置课堂：让学生从第一天开始就相互了解。学生需要写一篇简短的传记来介绍自己，然后把传记转换成自己设计的文字云图。"他们喜欢看到自己的作品被展示出来，"她笑着说，"任何年龄的人都一样。"她强调，在第一周结束前，要确保自己和课堂里的学生都能记住别人的名字，强调叫对同学的名字是尊重的表现。她的教学设计中很强调合作学习（"我告诉他们，我的目标是，一周中大约有一半的教学时间是在小组中进行的，因此他们应该习惯这种方式"），然后继续教团队成员开展合作学习所需的沟通技巧。"这些都是生活技能，而不仅仅是历史学习技能。我告诉他们，'如果你能很快地与其他人建立关系，工作和生活就会变得更轻松。'"布坎南说。

与他人的关系之所以重要，另一个原因是它能帮助我们发展认同与自主性。迈克·霍姆斯（Mike Holmes）执教的五年级班级，每周举办一次简短的"感恩圈"活动。活动中，学生互相分享对彼此的感激之情。他说："这个简短的活动能帮助学生顺利过渡到学习环境中，并能够练习口头语言表达技能，最重要的当然是帮助学生建立良好的关系。"霍姆斯先生告诉我们，学年伊始，学生往往很难接受别人的赞美。"不过，他们做得越来越好了，"他补充说，"我喜欢看着他们的自信和自豪感与日俱增。"

在一个特别的下午，学生分享了以下赞美：

◎ "安德鲁，谢谢你今天在做数学题时帮助了我。你没有告诉我答案，但你帮了我很多。"

◎ "杜尔斯，你邀请我午餐后一起游戏让我很高兴。否则我只能坐在桌边发呆了。"

◎ "那伊德，你唱得真好。应该找一天，邀请你为我们全班同学唱歌。"

◎ "泰勒，你真勇敢。我认为你什么都不怕。"

生校关系

最后，即使学生与学校的关系不好，但如果认识到自己是学校社区的宝贵成员，那么当损害关系的事情发生时，他们会表现出修复关系的愿望。

我们的目标是培养学生在行动之前思考的习惯，过后反思所采取的行动，并从经验中学习。在这个过程中，学生与学校里的成年人之间的关系会发挥很大的作用。尊重这些成年人的学生通常不会做出过激的行为。因为做出过激行为，就必须面对他们在乎的成年人，并需要为所做的一切作出补偿。我们也希望学生能够达到关心整个学校的程度，从不希望学校受到负面影响的角度出发，自主决定不采取某些行为。这是一个长期的目标，需要大量的投入。但当学生的思想达到顶峰时，将发生巨大的变化。

在作者工作的学校，学生与学校的关系是工作的中心。我们在《如何在学校和课堂中创设一种成就文化》（*How to Create a Culture of Achievement in Your School and Classroom*）（Fisher et al.，2012）一书中，更详细地描述了这一过程，提出了五大支柱，旨在促进学校和学生之间建立联系。简言之，包括以下五个方面：

◎欢迎（Welcome）是我们对学生及其家人形成学校归属感的政策承诺。

◎不伤害（Do No Harm）是我们在关系恢复实践中的承诺。

◎选择词汇（Choice Words）是我们在使用语言上的承诺，它支持学生的认同和自主性。

◎学习永远不会太晚（Never Too Late to Learn），是我们对学业和行为干预相关政策的承诺。

◎世界上最好的学校（Best School in the Universe）是我们在不断进步中对自己的承诺。

我们想起了米格尔（Miguel），他是一名十一年级的学生，被认定有信用缺陷。他在九年级结束时就被开除了，从来没有上过十年级。他在本该是大学三年级的第一天出现在学校里，只是因为缓刑官想要他的就读证明。他曾经目中无人，无所事事（至少在学校中如此）。米格尔犯了很多错误，出勤率很低。然而，有一位英语老师与他建立了联系。每次出了问题，她都会为他辩护。她开始协调米格尔和其他老师之间的关系，他的行为也随之改变。米格尔说过他的行为曾经一度发生了改变，"这里的老师都在努力，他们真的很关心我。当我做错事的时候，他们看起来都很难受。我不想让我的行为影响到这所学校，所以我现在要把我的 *$%# 一起。"他说。是的，他说出了一个不好的单词。但米格尔最终毕业了，现在是一名机械师。如果没有相互信任的关系并最终发展出对学校的尊重，这一切都不会发生。

四、善于沟通

只有有效的沟通，才能让学生与同学、老师与学校之间，建立、加深、修复关系。沟通也是学习的必要手段。学生应该把读、写、说、听作为学习的一部分。并且有专门的沟通标准（通常被称为语言艺术）可以让教师全力以赴地促进这方面的学习。然而，许多人，无论老少，在沟通上都有困难，尤其是在表达想法、感受和情绪激动下作出反应时。这可能是因为一些学校把交流限制在特定的、安全的话题上；也可能是因为我们不测试口语和听力，这意味着这些技能在课堂上受到的关注较少；又或者，可能因为老师认为学生知道如何交流，因此不关注这些技能。

如第三章所述，愿意倾听是情绪调节的一个标志，也是有效沟通以及建立关系所需要的技能。不幸的是，对很多学生来说，说话的反面是等待再次说话，而不是倾听。主动倾听的模式有很多，但这些模式的共同点可以总结成以下几点：

◎专注。把注意力集中在说话的人身上，让他说完。跟踪说话的人，即使你没有和他眼神交流。把你的注意力集中在话题上，不要跑题。你可以试着在脑海里描绘这个人所说的内容。

◎询问相关或探究性问题。把你的问题集中在主题或相关的主题上。不要让问题偏离主题，而要让对方阐明观点或举例。

◎要求澄清。如果有不清楚的地方，要求补充资料。不要自以为知道他人的意思；请对方解释一下。

◎转述。用你自己的话重述要点。这可以让你检查自己的理解，并向对方表明你在听。

◎注意情绪和感受。识别信息以及信息内容所传递的情感。

◎总结。不要突然结束谈话。相反，总结一下你所谈论的内容、达成的协议，或者任何仍然需要讨论的领域。

亚历克西斯·卡维奥（Alexis Calvio）所教的四年级学生，已经具备了一定的倾听技能，因为老师经常问他们听到其他同学说了什么，以及是否同意那个人的观点。例如，在阅读了几篇关于不同发明家的文章后，她组织学生讨论发明家的特点，并让学生组成团队共同讨论。卡维奥女士用数字编号组织学生形成团队并互相支持。具体实施情况如下。

学生坐在课堂里有编号的桌子旁，每张桌子设置一到五的编号，这样每个人都有一个数字。在学生初步交流之后，卡维奥女士摇了摇骰子，告诉全班同学每张桌子上的四号应该准备好回答问题。学生又开始交谈，这次是为了确保坐在四号位置的同学准备好回答问题。卡维奥女士把全班同学召集在一起，又摇了摇骰子，喊道："六号桌！"

来自六号桌的卡内拉（Kanella）站起来自信地说："发明家需要的特性之一是创造力，因为你必须能够想出这个世界需要的新想法。如果你发明了一些没人需要的东西，那么你就推销不出去。"

卡维奥女士又摇了一下骰子，轮到一号桌了。在这个技巧中，第二轮的讨论要求学生同意或不同意前一轮的演讲者，并给出原因。玛雅（Maya）站起来说："我同意卡内拉的观点，发明家需要有创造力，但我不认为这仅仅是因为他们需要销售这项发明。即使有些新东西卖不出去，他们仍然是发明家。"

有证据表明，学生可以通过这样的合作交流学习到很多（Frey，Fisher，& Nelson，2013）。对很多学生来说，学习受到阻碍，是因为他们还没有发展出与同伴有效互动所需的技能。人际关系很重要，但是我们在本书中讨论的 SEL 的其他方面也很重要。交流不能局限于学术对话，学生也需要通过社交场合来交谈。

另一种教师培养学生倾听和沟通技巧的方法是使用沟通圈（circles）。沟通圈让学生了解自己和他人的观点。沟通圈是"修复关系实践"工作的一部分（例如，Smith，Fisher，& Frey，2015），当伤害发生时，沟通圈可以成为修复的基础。如果没有在交流沟通圈这种低风险环境中交流自己感受的经验，一个学生可能不愿意在遭受侵犯时或受到伤害后参加更高风险的会议。

沟通圈向学生表明，他们的经历是有意义的，他们可以分享自己的感受，同伴会倾听他们的想法。不管沟通圈的类型是什么，都有如下责任和期望：

◎每个学生都应该有机会分享或鼓励分享。

◎学生应该互相交谈，而不仅仅是主持人谈。

◎沟通圈不应该仅仅用于讨论纪律。

我们的经验表明，在引入沟通圈的开始阶段，主题应该是安全的。低风险的沟通圈使用没有"正确"答案的问题，让他们更客观地而不是感性地开展讨论。以下是一些低风险主题样例：

◎如果你有超能力，你希望是什么，为什么呢？

◎如果你可以成为一种动物，你会选择哪一种？为什么？

◎你梦想中的假期是什么样的？

◎哪个单词最能形容你？

◎如果你被困在一个岛上，只能带一样东西，你想要什么？

◎你最喜欢什么颜色？

当学生理解了这个过程，并知道这种经历在心理上是安全的，沟通圈就可以用来讨论更复杂的问题，如课堂纪律、操场上的欺凌、对即将到来的考试的恐惧，或人际关系的困难。此时，要思考的第一个问题很重要。一位老师以这样的问题开始："我能做些什么来使这门课更顺利？"这句话的潜台词是围绕老师搭建舞台展开讨论或批评。对比一下另一个开头问题："我们能做些什么来让这个班级运行得更顺畅？"这句话的意思是师生共同承担构建学习环境的责任。无论话题是什么，沟通圈的焦点都是每个人的成长和反思。

顺序型沟通圈

顺序型沟通圈让小组的每个成员都有机会参与对话交流。我们建议用椅子（不是桌子）围成一个圈，或者甚至可以让学生站着或坐在地板上。我们的目标是沟通，希望每个人都有眼神交流。学生通常会绕着沟通圈传递一个物体，比如填充玩具或网球。只有拿着这个东西的人才可以说话。顺序型沟通圈适用于需要成员完全参与的情况。然而，我们不想强迫学生在他们不想说话的时候说话，不准备发言的人可以略过。

戴利亚·科兰杰洛（Dahlia Colangelo）是一名六年级老师，正在为她的学生准备一年一度的传统活动——全学区六年级毕业生为期五天的露营体验——该活动在城外几英里的山区举行。科兰杰洛女士每年都为该活动作准备。对该城区的大多数学生来说，这是他们第一次露营，对很多人来说，这也是他们第一次离开家到一个陌生的地方过夜。她的学生总是对这次旅行感到兴奋，但在表面之下也有焦虑和不安全感。

科兰杰洛女士明白，模仿是一种有效的方式，可以向他人展示如何沟通，以及如何表达自己的感受（例如，Miller，1989），于是她开始说道：

关于下周露营旅行我们已经知道了很多信息，我很兴奋。但是我也有点紧张。我在旅行前会紧张。我想知道你是不是也很紧张。让我们围成一个圈，每个人先说一件这次旅行让自己最期待的事情。从我自己开始。我对周二早上的远足感到很期待。我想让你们马上看看我最喜欢的地方。我想和你们分享这个景点。

科兰杰洛把"谈话棒"（当地大学足球队的一种小型纪念足球）递给她左边的学生阿里亚娜（Ariyana）。"你最期待什么活动？"老师问。很快，人们就把这根谈话棒传了一圈，每个学生都说出了他或她最期待的一件事。轮到科兰杰洛女士时，她把话题向前推进了一步：

当我准备这次旅行时，我也会紧张。有时候我担心一些事情。我很担心，这一周我都看不到自己的孩子，如果我不在家，孩子会不会出事。埃利亚娜，这次旅行中你最紧张或担心的是什么？

当学生透露出他们的恐惧时，节奏稍微慢了一点。离家在外是件大事。接着，几名学生开始谈论昆虫和蛇。在谈话棒到达埃利亚娜（Eliana）面前时，她说出了自己的恐惧："在和其他三人共享帐篷时我会紧张，比如换衣服时，他们会取笑我吗？"其他一些学生也表达了同样的担忧。轮到科兰杰洛女士的时候，她称赞他们的勇气，然后说："我听到有些人说他们担心的是隐私。有什么方法可以让我们彼此不那么担心呢？"第三轮引发了一些想法，当轮到科兰杰洛女士再次发言时，她总结了大家的想法，并邀请学生就隐私进行讨论并形成共识。这个班甚至讨论出了一个口号（"营地发生的事留在营地"），提醒学生意想不到的事情会发生。有些人可能会很有趣或很尴尬，但他们同意不会互相取笑。科兰杰洛说："我们互相都将以这种方式保护彼此的隐私，这可能不会让我们少被蚊虫叮咬，但这是一件好事，对我们都很重要。"

非顺序型沟通圈

非顺序型沟通圈与顺序型沟通圈的运作方式基本相同，不同之处在于学生不会按照自己的位置依次说话。在非顺序型沟通圈中，当前说话者指定下一个说话者。除非有必要让讨论回到正轨，否则主持人很少会打断谈话。

一天早上，丽贝卡·菲利普（Rebecca Phillip）在上十年级的英语课，安杰尔（Angel）举手问他们是否可以围成一个圈，开展讨论。这门课的内容包括阅读短篇小说《岁月如歌》（*All the Years of Her Life*）（Callaghan，1936），主要讲述母亲对儿子的奉献、宽恕、道德选择和行为后果。

当大家坐成一圈后，安杰尔承认他很难集中注意力阅读这篇文章，因为它实在同他在家里的感受太贴近了："这让我想起我妈妈对我说的话，'你已经够让我丢脸的了'。因为我的成绩和我在家里的表现不好，我不知道该如何修复这种关系。"

学生对此给以建议、怜悯和同理共情心。一些人想知道更多关于安杰尔在家里的情况，其他人则表示愿意帮助他在下一个报告期之前赶上成绩，还有一些人分享了与家人发生冲突的经历，以及他们是如何解决冲突的。例如，利亚姆（Liam）给安杰尔的建议是：

承认这种情况，然后做点什么。态度就是选择。今晚回家告诉妈妈你很抱歉。然后表现出对她的尊重。她是你妈妈，你唯一的妈妈。是啊，她会让你紧张的，但是我们要练习。深呼吸，三思而后行，和妈妈开诚布公，这些都是值得尝试去做的。你可能不知道，我愿意付出所有的努力，和我妈妈再谈一次。

安杰尔以这样的话结束了这个循环："我们下周可以再来一次这个循环吗？这次谈话让我收获很大。现在我可以继续阅读下去了。"

菲利普女士后来反思说，情感工作是文学熏陶的一部分。"我们读到的这些人物帮助我的学生更全面地思考世界。所以有时我们需要允许一些团队活动。"她告诉我们，学生现在的写作能力更强了："因为他们明白，文学是对世界的一种反映，可以塑造我们对世界的看法，以及我们在世界中的地位。"

鱼缸型沟通圈

鱼缸策略是内外双圈结构。外部沟通圈的人见证并聆听内部沟通圈所进行的讨论。内圈有一两个空椅子，让外圈的人暂时参与内圈的谈话。

查尔斯·李（Charles Lee）是二年级老师，课间休息时学生在操场上受到了一些伤害，他们需要进行一场鱼缸型沟通圈讨论。李老师说："我听说今天我们没有达到一个预定的目标。有人记得我们设定的目标吗？谁愿意加入内部沟通圈来讨论这个问题？"几个孩子走进了内部讨论圈。

贾马尔（Jamal）自告奋勇地说："我们定了一个目标，那就是互相照顾。但是今天，我们在休息时遇到了一些问题。"

凯文（kevin）说："我们不再互相照顾了，因为我们都想踢球，但没有足够的空间。"

迭戈（Diego）回答说："我们告诉他们不能玩，然后他们把球拿走了，结果我们也不能玩了。"

"我们应该轮流计时，"鲁本说，"但结果是大家都玩不起来，因为我们彼此不关心。"

贾马尔离开了内圈，卡莉（Carly）走进来，说："哦，是关于踢球的？我以为是因为我没有在艾米需要的时候照顾她。对不起，艾米。我只是生气了，没有做到我应该做的。"

谈话继续进行，学生对自己课间的行为承担责任，并相互承诺更加努力达到目标。

有些人担心花在沟通圈上的时间导致学习时间潜在受损。实际上，在这种情况下，学生仍然会专注于课间休息时的冲突，如果没有机会处理这些冲突，他们就难以专心听接下来的课。他们在沟通圈里花了几分钟完成了几件事：首先，允许学生认识和表达自己的感受。其次，提供了一种在课间休息时继续解决问题的方法。再次，帮助他们练习交流技巧，包括倾听和轮流发言（这些都包含在年级标准中）。最后，当冲突解决后，让学生能够专注于数学课。

五、同理共情

同理心（Empathy），能够帮助理解他人的感受，是关系发展的重要组成部分。尽管很少有证据能表明同理心可以直接传授，但让学生有机会开展移情反应活动可能是较好的一种培养方法。培养同理心的一些指导方针建议教育工作者要注意自己的行为，要结合文学作品让学生探索同理心，与历史和当代人物形成共鸣，并向学生反映自己的同理心反应（例如，Gerdes，Segal，Jackson，& Mullins，2011；Gordon，2009）。

教师也可以采取一些促进学生的同理心发展的具体行动，以下一些方法可以尝试：

◎标记情感。正如我们在第三章中提到的，学生需要理解他们对各种情况的情绪反应。这种技能的延伸是能够准确地识别他人的情绪。例如，一个老师可能会说："我注意到当保罗一个人坐着的时候，你走过去和他说话。他可能感到孤独，或者他想要一些时间来思考。"

◎鼓励学生谈论情感。在第三章中也提到，谈论情感是 SEL 的重要组成部分。为了培养学生的同理心，他们需要学会谈论他人的感受，而不仅仅是自己的感受——这包括老师的感受和学生在文学作品中遇到的人物感受。教师可以使用第三章中列出的工具鼓励学生谈论他人的感受。当学生能够理解并标记自己的感受后，他们就更容易做到这一点。例如，老师可能会说："再听一遍这个场景中的对话。你会如何描述这个角色现在的感受？你会对他说什么？"

◎赞美同理行为。当学生表现出同理心时，应该予以注意和赞赏。同理心的一个挑战是，它并不总是积极的感觉。当某人受到伤害或悲伤时，同理心意味着学生理解受伤和悲伤的含义。老师可能会说："你注意到这个游戏不公平。你知道什么是不公平的感觉，所以你和其他学生交流并努力让游戏更公平。我感谢你的努力，也希望你为自己感到骄傲。"

◎教授非语言暗示。通过细心观察，学生可以学会注意到他人情绪状态的各种各样的暗示。我们说"细心观察"，是因为如果让学生停下来，让每个人都看着一个生气或高兴的学生，然后谈论这个学生如何在没有语言的情况下表达情感，这是不明智的。用视频和图画书更容易做到这一点，暂停片刻，让学生识别非语言线索。老师可能会说："我真的被画中人物脸上的表情打动了。当你看到有人是这种表情时，你会怎么做，怎么说？"

◎禁用愤怒操控学生。当老师（和家长）用愤怒来控制孩子时，孩子可能会遵从——但这往往是以学习为代价的。当一个成年人说"我很生你的气"，或者用非语言表达愤怒时，学生就会闭嘴，退缩。教师可以表达失望，重新设定期望，但当愤怒进入互动时，学习就会受到影响。例如，与其说

"我生你的气，你欠我5分钟的午饭时间"。老师最好这么说："当你没有告诉我就离开了房间，我担心你的安全，担心我没有做好我的工作。你能告诉我发生了什么事吗？你能作出什么样的承诺，什么样的结果看起来是合理的？"

◎安排任务训练同理心。照顾好有生命的事物能促进同理心。给课堂里的植物浇水，观察蝴蝶花园，或者照顾课堂里的宠物，这些都是让学生体验同理心反应的方法。有证据表明，学生在学习责任感的同时也学习了利他主义和关爱（例如，Mattis et al.，2009）。负责分发和收集宠物所需物品也可以帮助学生培养一种关怀伦理和利他主义思想。老师可能会问学生："你能确保兔子玛德琳有足够的水吗？我们有责任确保她得到她所需要的东西。"

有证据表明，当学生探索文学作品并讨论人物的行为时，他们的同理心也会发展。例如，何塞·赫雷拉（Jose Herrera）的五年级的学生在读《独一无二的伊万》(One and Only Ivan)（Applegate，2015），这是关于一只生活在商场笼子里的大猩猩的故事。从大猩猩的角度来说，读者们知道他似乎很满意自己的生活，直到遇到离家的小象，才从小象的视角中重新审视自己的生活。在赫雷拉先生的课堂上，学生讨论了这个故事，他们学习到的不仅是拟人化的写作，而且还有作者赋予大猩猩的感情。一名学生说："这不只是伊万的事。这就是人们失去亲人后的感受。"另一名学生说："你不可能解决所有问题，但你可以交到朋友。"

我们想分享一个从恢复性实践（restorative practices）中获得的额外策略，它可以培养学生的同理心，并为他们提供另一种交流技巧。情感话语（Affective statements）要求教师（最终是学生）使用"我"作为主语，用句子来表达自己的情感。这就把谈话的动力从指责性的"你"话语中转移了出来，这种"你"话语会让对方感到防御性。这种简单的改变可以培养同理心，因为这种技巧可以将讨论从"对"学生交谈转移到"与"学生交谈。因此，添加一个"我"的语句，是你表达自己的感受，并让学生有机会回应的一种方式。

当教师使用"我"语句并提供背景时，学生能够更好地理解教师的意图。这些互动是私人的，不依赖于公开的羞辱来控制行为。例如，将你的手放在肩膀上，平静地说："泰勒，如果我上课的同时你也在说话，我很难作出最佳指导。"这可能足以将其行为转变为一种移情反应，而不是暂时的顺从。当目标是行为遵从时，要求注意可能会起作用，至少是暂时的。但是当告知学生要服从时，他们并没有发展出同理心。当学生和老师考虑其他人的观点时，这样的对话自然就改变了叙述方式。

六、修复关系

不可避免的是，老师和同学的关系有时会紧张，学生必须学会如何修复这种关系。这不仅创造了更有利的学习环境，而且也培养了课外生活的健康习惯。当然，首先师生之间要有促进成长的关系才能让学生学会修复。当学生与成年人有积极、健康的关系时，他们更愿意在受到伤害时努力修复这些关系。

对于想要把关系修复融入日常实践的老师来说，我们推荐的最有效的工具是即兴对话（impromptu conversation）。如果能认识到，有问题的学生行为与其说是违反了规则，不如说是违反了关系，教育工作者思想上就会产生一个重大转变。即兴对话可以让教师调动技能，以一种更广泛的方式使用"我"语句。当老师想要处理课堂上不太重要、不需要行政支持的轻微违规时，使用即兴对话是有用的。当教师缺乏解决这些问题的工具，必须让管理人员处理哪怕是很小的问题时，学生就不会对老师或课堂里的其他人产生同理心。当管理者"窃取冲突"，为老师解决问题时，他们剥夺了老师投入与学生建立关系的机会。当管理员进行快速关系修复时，通常是快速区分职责、纠正错误，并通常要学生承诺尽量表现得更好。更有问题的是，学生从来没有机会了解他或她的行为是如何影响他人的，而老师本可以利用这种冲突来教学生如何修复关系。当然，有时这些行为十分严重，必须进行行政干预。但我们讨论的是低层次的问题行为，当学生看到他们的老师主动控制并提前解决问题，这些行为是可以改正的。

在我们工作的学校，管理人员和教师共同努力，随时开展即兴对话。老师们可以在课堂里向管理员申请，这样他们就可以和学生一起进入走廊。一到那里，老师就用"我"来说明问题，并要求与学生开展对话，如下所示：

老师：刚才发生了什么事？我注意到你一直趴在桌子上。

学生：我只是今天感觉不在状态。

老师：嗯，这是个问题。我已经计划好了一些任务，但我知道你遇到了麻烦。要完成任务，你需要什么帮助？我一直十分信任你，你一定能行的。

学生：我只是课程学习落后了。我不知道怎样才能赶上来。

老师：很高兴你能告诉我你有什么麻烦。你在我的课堂上一直都能跟上进度，但是，我不知道你其他课程的学习情况如何。现在我们难以立刻解决这个问题，你能和我一起吃午饭吗？到时候我们可以一起制订一个计划。

学生：当然。谢谢。

老师：让我们回到课堂吧，一起参与进步时代的话题讨论。我让里科（Rico）今天早上和大家分享他的课堂笔记，这样你就能跟上大家的进度了。

像这样的即兴对话可以在师生关系遭受破坏之前避免冲突。

更严重的冲突需要的不仅仅是一次师生即兴谈话，通常还需要行政管理人员或辅导员，以及学生的家人参与。但目前的方法可能会留下一些不尽如人意的地方。当孩子行为不端时，大人们总是问："你为什么要那样做？"这实际上是在恳求学生说："我不知道。"有时候，尤其是对年轻的学生，他们真的不知道。而实际上还有更好的问题要问。例如，问"发生了什么？"学生就不太可能对发生的事情说不知道。当我们问发生了什么，我们是在为他们打开一扇分享观点的大门。在"发生了什么"问题之后，我们经常使用一个脚本方式与犯错者对话（改编自 Costello，Wachtel，& Wachtel，2009），包括以下问题：

◎你当时在想什么？

◎你有什么想法？

◎你所做的事影响了谁？如何影响的？

◎你觉得需要做些什么才能让事情好转？（p.16）

进行这种谈话可以帮助老师确定，学生是否准备好弥补关系并恢复关系。我们并不是说一次谈话就能解决所造成的伤害，这取决于违规的严重程度。有时可能需要一系列的工作来恢复关系。此外，犯错可能会有进一步的后果，例如剥夺部分权利、留校或停课。但重要的是，要把修复和弥补作为惩戒的一部分。

对于受害者，无论是学生还是成年人，我们遵循类似的脚本与之交谈。在传统的学校纪律处分中，事后才会想到受害者，并且只是告知："我会处理这件事的。你现在可以回去上课了。"这向受害者发出了一个强烈的、具有破坏性的信息，即他们需要自己处理这些伤害。我们用来讨论对受害者造成伤害的脚本也来自科斯特洛和他的同事（Costello et al., 2009）：

◎当你意识到事情发生时，你是怎么想的？

◎这事对你和其他人有什么影响？

◎对你来说，遇到过的最艰难的事是什么？

◎你觉得需要做些什么才能让事情好转？（p.16）

这些对话是单独的、私密的，不会与犯错者的对话同时进行。在某种程度上，当受害者和犯错者都准备好了，他们需要采取弥补措施。亲爱的读者，如果你曾经惹过麻烦，你就会知道，最难做的事情是道歉和为自己的行为负责。多米尼克（Dominique）记得，在成长过程中，父母曾告诉他，在承担责任并道歉之前，他和妹妹之间的冲突并没有结束。他从来不想说对不起，但这并不是因为他从不后悔自己的行为，他只是不想经历一个艰难和尴尬的过程，去承认自己在一段时间内不是最好的自己。但多米尼克和他的妹妹至今仍保持亲密关系，原因就在于道歉和纠正错误。类似的过程需要在学校系统中发生，这样，当违规行为发生时，教育者可以帮助个人承担责任，道歉并制订一个计划来推进关系修复工作。这个过程应该适用于学生对学生、教师对学生、教师对教师和教师对领导的关系。请记住，实用修复术的使用是为了：

◎让受害者有发言权。

◎让责任人对自己的行为负责。

◎让所有人都可以开始改变自己的行为。

本章重点

　　教授社交技能、沟通技巧和同理心，有助于学生发展与他人建立和维持关系的能力。这些技能也有助于培养无私和负责任的年轻人，弘扬公共精神（见第六章）。人际关系之所以重要，有很多原因，其中一个原因是它能增进人与人之间的交流，使生活更加愉快。事实上，大多数人认为与他人的关系是生命中最有价值的事情之一。但我们总是会使关系紧张，因此需要知道如何修复这些关系。

 思考题

1. 你校学生是否有很强的社会关系（与老师，同学彼此之间，与自己，与学校）？

2. 你的学生需要发展什么沟通技巧来改善与他人的关系？

3. 你有没有练习过沟通圈、情感话语和即兴对话？你如何使用这些工具来改善沟通和关系？

4. 发展学生同理心在课堂上扮演什么角色？你怎样（或怎样用另外的措施）培养学生的同理心？

5. 你如何帮助学生学会修复被破坏的关系？

6. 你如何更有意识地用 SEL 元素培养学生之间的关系，并注入现有的合作学习中？

Respect for others | Courage
Ethical responsibility | Civic responsibility
Social justice | Service learning | Leadership

第六章　公共精神

　　兰道夫中学的学生正在为学生会选举作准备。每年秋天，每个年级都将选举产生两名学生代表组成学生会；学生会设有执行委员会，包括主席、副主席、财务部长和秘书长各一名。瓦莱里娅·古斯芒桑切兹（Valeria Guzmán-Sánchez）老师已经连续九年担任学生会的指导教师。她还是社会研究课老师和校辩论队教练，对培养学生公民生活能力充满热情。她执教的学校靠近美墨边境，很多在校学生都没有合法身份。古斯芒桑切兹老师说："如果没有投票权，投票的概念必然会让人困惑。我们必须通过教育让学生知道，投票对于任何一个社区都具有重要意义，学校也是一个社区，同样需要投票。"

　　在她的指导下，学生会候选人需要在讲台上公开陈述自己在学校事务中的立场，包括纪律和学生在决策中的影响力。每个候选人还要提出一个学校或者社区项目议案。"活动的目的不仅是让候选人提出午餐提供冰淇淋此类的承诺，"古斯芒桑切兹老师笑道，"我想让他们清楚地明白，学生代表是服务型领导，而非君主。"对竞选感兴趣的学生必须首先准备一份竞选计划。

　　泰瑞莎（Therese）是八年级学生代表候选人，她希望古斯芒桑切兹老师能够帮助完善计划书。泰瑞莎提出，她支持学校开展恢复性实践，但是希望看到更多的学生参与到这个项目中。"我认为应该成立一个学生小组参与这个（训练）项目。"她解释道。古斯芒桑切兹老师同意她的看法，同时也鼓励泰瑞莎考虑更多的细节："由哪些人来组成这个学生小组？"泰瑞莎说可以由学生会的代表来担任，但是受到了老师的质疑："这种方式会让太多的影响力集中在少数学生手中。你再思考一下，如何拓展受益面，让更多的学生参与进来呢？"

在接下来的 10 分钟里，泰瑞莎在古斯芒桑切兹老师的指导下详细阐述了她在这个问题上的立场。几周之后，作为竞选演说的一部分，她建议当选的学生会成员成立一个工作组，调查学生恢复性实践小组成立的可能性，然后与学校领导进行会谈，讨论学生小组建立的制约条件与可能性。工作组将最终形成一个完整的学生小组构成和组建方案，并由学生会最终决定。"我将在一月份结束之前给大家提供一份完整的计划。"泰瑞莎在演讲中说道，"我不只是呼吁改变。我要作出改变。"

毋庸置疑，泰瑞莎当选了。

学生在校学习期间，有心的教育工作者会一直鼓励学生认识自己，要认识自己是谁，认识自己想成为什么样的人。在泰瑞莎的最后陈述中，我们看到了她的自我认同和自主性：她是一个改革者。当我们看到她为解决问题所作的努力，并努力思考可能的解决方案时，我们看到了她的认知调节能力。泰瑞莎认真对待学校管理的意愿——这种意愿超越了学生通常想到的受欢迎程度的竞争——主要源自古斯芒桑切兹女士和她的前任们所构建的教育框架与期望的熏陶。很多年以前，兰道夫中学的教员就开始利用学生会为学生赋权，他们期望利用这个平台为学生定下服务型领袖和公共精神的基调。

是生活于这个民主国家的人民，不断塑造和重新定义着这个社会，他们参与公民对话的能力和意愿也决定了这个社会发展的持久性。教育是努力的关键内容，其中包括学科知识——政府、经济、政治、法律体系、科学、逻辑和推理——这些都很重要；但更为重要的是社交与情感学习，这是一项不为人知的基本技能。学生从他们的父母、家庭、社区，当然还有老师处，学会（当然也可能没有学会）如何监控自己的情绪，自我调节，或者表现出友善交往的行为，尤其是在复杂时期，他们会学到更多。

一、公共精神的定义

我们把公共精神定义为一个人对社区福祉的积极兴趣和个人投资。这些"社区"包括家庭、学校、邻里、州或省、地区、国家和世界。SEL 中之所以包含公共精神的内容，是希望强调 SEL 向外的一面，并让越来越多的人认识到这些技能将影响我们社会的每一个角落。

阿斯彭研究所（Aspen Institute）的国家社交、情感和学业发展委员会（National Commission on Social，Emotional，and Academic Development）有25 名成员，来自教育界、研究、政策、商业和军事等各领域。在 2018 的政策文件中，该委员会表示，他们的主要目标是让学生认识到"有责任在社区中发挥积极作用并为公民生活作出贡献"，并且进一步看到"社交、情感和学业的融合发展是实现这些目标的途径"（Berman et al.，2018，p.4）。

这是公共精神的大致定义，我们还需要花点时间考虑一下它在现实生活中的真实表达。2018 年的春天对于很多年轻人的生活来说是一个分水岭。佛罗里达州的一所高中发生了枪击案，过去的 20 年里全国类似事件层出不穷，并引发了一系列震动，为此全国各地的学生进一步提高了抗议枪支暴力的呼声。我们知道，政治局势进一步激起了民众对枪支管理和第二修正案（Second Amendment）权利的热烈反应。不管你对第二修正案有什么看法，但请你首先考虑一下，这是一群高中生的公民参与行为。他们采取了公共行动，并以清晰的和非暴力的方式表达了自己的观点。这些学生组织者是精明的传播者，他们利用社交媒体发布信息，并协调参与人员登记工作、罢工和抗议等活动。他们利用宪法第一修正案所赋予的言论自由与和平集会权开展活动，同时还忍受批评，参与公开辩论。这让我们想起了很多的美国"开国元勋"，他们在美国建国时，很多也正是高中生的年纪。比如说，1776年 7 月 4 日那天，拉法叶侯爵（Marquis de Lafayette）18 岁、詹姆斯·门罗

（James Monroe）18 岁、亚历山大·汉密尔顿（Alexander Hamilton）21 岁、西比尔·卢丁顿（Sybil Ludington，被誉为女保罗里维尔）只有 15 岁。换句话说，自从美国成立以来，年轻人就始终在参与社会活动。事实上，托马斯·杰斐逊（Thomas Jefferson，起草美国《独立宣言》时 33 岁）有一句非常著名的话："受过教育的公民是我们作为自由人生存的必要条件。"

综上所述，我们在学校里应该向学生传授什么，是一个非常重要的问题。利斯维克（Lithwick，2018）称赞帕克兰学生的行动为"综合教育的力量"，他也进一步指出：

> 学生现在成了校园暴力危机的中心，但他们充分利用老师辛勤传授的戏剧、传媒、言论自由、政治活动和辩论术，极为出色地处理了这个问题……在标准化测试和排名之外，专注于技能培养的课外教育，创造了一批充满激情的准公民。（p.9）

儿童和青少年通过尊重自身和他人来发展其公共精神，这与理解社区成员的道德责任相辅相成。在面对挑战性问题时坚持不懈，是公共精神非常重要的组成部分，因为社会问题不是轻易就能解决的。正义原则应得到公正和勇敢地应用。社区服务和服务式学习也应融入学术经历中。最后，培养学生的领导能力有助于学生发现自己的声音。

这是我们对社会的回报，我们需要为下一代领导人制订人性化成长计划。他们需要从我们这里获取融入了公共精神的 SEL 技能，并以此为基础共同工作、共同生活。这些技能可以在面对挑战时发挥重要作用，"追求它们能给世界带来积极影响"（Berman et al.，2018，p.4）。然而，成年公民参与公民活动的现状令人震惊和沮丧。根据美国民主危机全国峰会（Democracy at a Crossroads National Summit）简报（Levine & Kawashima-Ginsberg，2017）和其他一些报告（例如，Desliver，2016；Kristian，2014）中所指出的：

◎千禧一代（1981 年至 1996 年出生）中，35% 的人认为自己正在失去对美国民主的信心，只有 25% 的人对民主制度充满信心。

◎千禧一代（1981 年至 1996 年出生）中，24% 的人认为民主是一种"差的"或"很差的"国家治理方式。

◎只有四分之一的美国人能说出政府的三个部门，但是 75% 的人能说出美国偶像（American Idol，美国综艺选秀节目）评委的名字。

◎五分之四的美国人认为不文明行为和政治失灵阻碍了国家的发展进程。

◎有投票资格的美国人中，只有大约 29% 的人参与了 2016 年大选的初选，而那场初选决定了主要政党的提名人选。

美国教育发展评估（National Assessment of Educational Progress，NAEP）是一项备受推崇的教育评估活动，其 2014 年发表的八年级教育评估结果显示（U.S. Department of Education，2015），并非所有的学生都作好了担当公民领导的准备。公民教育的得分情况令人失望，只有 23% 的学生达到了熟练程度。这与桑德拉·戴·奥康纳法官（Sandra Day O'Connor）的评论形成了鲜明的对比，"作为一名公民，你需要知道如何成为（民主程序）的一部分，需要知道如何表达自己——而不仅仅是投票"（Gergen，2012）。

投资 SEL 的一个主要成果就是发展学生的公民素养和公民技能，为开展公民行动奠定基础。课堂就是开展这项工作的主要平台，老师们需要把学生在学校和生活中需要的情感、认知和友善交往技能结合在一起。正如我们在本书中所主张的，这些技能是相互交织的，不能局限于每周 45 分钟的课程。

传统上本章的许多主题都与品格教育有关。然而，"性格是多元的"（Park，Tsukayama，Goodwin，Patrick，& Duckworth，2017，p.17），它包括个人的、人际的，从认知上倾向"以有利于个人和社会的方式行动、思考和感受（p.16）"。因此，本章主要讨论如何采取行动，为一个人的家庭、班级和更大的社区作出积极的贡献。

二、尊重他人

公共精神的核心是尊重他人。尊重他人不仅仅是"容忍"，"容忍"意味着你为了忍受他人的存在而把内心的不赞同放在一边。尊重他人则意味着不管存在怎样的差异，都要看到每个人生活的价值。此外，那些尊重他人的人认识到，集体的力量源自差异，而不仅仅是相似之处。这也是对他人权力的一种维护。同理共情（见第五章）对于尊重他人至关重要，因为它需要一种关爱的立场。诺丁斯（Noddings，2012）称之为关爱的伦理（ethics of caring），但他也告诫说，同理心往往根植于将自己的感受与他人的处境进行比较。想想我们经常这样问孩子："如果这种事发生在你身上，你会有什么感觉？"好像首要的衡量标准是先考虑自己。"但关怀伦理的同理心是面向他人的，而不是面向自我的。"诺丁斯说道。他提醒我们真正的同理心在于仔细倾听他人的想法和感受（p.771）。

缺乏尊重的同理心可能会迅速发展为一种膨胀的特权感。这是有害的，因为它会导致分裂，而不是团结。例如，残疾模拟活动，让参与者短暂体会残疾人的感受（例如，蒙住眼睛、使用轮椅）；但也有许多人批评此类活动缺乏真实性，因为活动强调的重点仅仅是感觉丧失，而不是生活体验。除此以外，此类残疾模拟活动还会产生一些非计划中的后果。一些参与者表示，他们活动过后主要是庆幸自己没有残疾，因为残疾会导致与社会产生距离。此外，模拟活动结束后开展的调查也反映出，此类活动会降低参与者对残疾人生活能力的信心（Cuddy，Fiske，& Glick，2007）。

莫妮卡（Monica）是一名智障学生，刚加入四年级新班级。老师莉娅·卡茨（Leah Katz）知道，她需要确保班级成员身份、同理心和尊重成为课堂社区社会结构的一部分。这是莫妮卡第一次进入普通教育课堂，她谁也不认识。在几个月的课程中，卡茨把 SEL 原则融入课堂教学内容中。班里的学生从来没有人提到过"残疾"二字；相反，他们专注于欣赏差异、理解差异。例如，语文老师教授学生进行记叙文写作时，让学生用描述性语言来记录他们分到的苹果的独特特征；然后要求学生把自己的苹果和其他几十个苹果一起放进篮子里，让他们努力找出自己的苹果。在数学课上，学生对不同家庭的土豆制作偏好进行调查（例如，是更喜欢制作土豆泥还是烤土豆），然后用柱状图绘制出总体结果。这些课程的教学重点首先当然是学科学习，但通过将 SEL 理念贯彻到教学过程中，学生能够逐渐理解自己、理解身处的课堂社区。在这一年里，卡茨老师见证了莫妮卡与越来越多的同学建立了友谊，同学们邀请她参加学校以外的活动，如生日派对、看电影。最重要的是，她注意到"许多学生正在发展出一种强烈的公民责任感……学生能够以充满兴趣和尊重的方式提出文化、语言、种族、感知能力和性别等方面的问题"（Katz，Sax，& Fisher，2003，p.10）。正是这个过程培养了学生对他人的尊重。

年龄较大的学生会面临一周七天、一天 24 小时全天候新闻循环的冲击。这些新闻似乎执意要描述一些人对他人的严重不尊重行为。初高中学生需要自己的空间，使用一套公认的核心价值观和道德规范，来认识和应付当前发生的一些事件。八年级的科学老师凯蒂·巴西隆（Katie Basilone）每年都以同样的一套规范开始新的学年，我们在之前的第五章中介绍过该规范。她用以下三方面描述和界定课堂里和更大的世界外发生的事情：

◎照顾好自己。

◎互相照顾。

◎照顾好这个地方。

"我借助这些准则，和学生谈论各种各样的事情。"她说，"把实验设备收拾好？（照顾好这个地方）。考试前复习笔记？（照顾好自己）。参与小组讨论？（互相照顾）。"但有时也需要解决一些干扰教学的外部事件。在提到所在社区发生的一起暴力犯罪时，巴西隆老师说："我们需要谈谈近期发生的事。两个敌对帮派在几天内发生了一系列冲突，导致一名年轻人死亡。有些人说冲突事关尊严不可避免。当我听到这个消息的时候，我认为我们需要打破这个观念。"

在班级里，我们以交流圈的方式，并运用这三条准则来讨论发生的事情（见第五章）。她解释说："我们一开始就把需要照顾的这个地方定义为我们的社区，以及对社区的尊重意味着什么。"在此基础上，他们讨论了尊重他人和尊重自己的定义：

这不是一次轻松的谈话。他们只有 13 岁，其中一些人通过家人或朋友与当时发生的事件联系在一起。但我们必须让思想围绕着什么是尊重以及什么是不尊重展开。最重要的是，我们谈到了个人的责任。

巴西隆的同事、八年级的英语老师米哈依尔·格雷勃（Mikhail Graber）在自己的课堂上继续了这个话题。"我想让我们作为一个课堂群体来阅读和讨论一本书，"他说，"这可以让我们开启一个话题，讨论如何基于艰难的伦理选择作出决策，而不是随波逐流。"然而，格雷勃并不想选择一本与帮派有明显联系的书。相反，他选择了《绞首者》（*Wringer*）（Spinelli，1996）这本书。该书讲的是发生在一个小镇上的故事，每年这里的人都要杀死鸽子并举行庆祝仪式，而故事的主角帕默（Palmer）却不想参加。很快，他长到了十岁，这是人们认为他应该成为"绞首者"的年龄。绞首者需要跑到赛场上，拧断被射中但尚未死亡的鸽子的脖子。帕默面临着来自同龄人的压力，同时，他的压力也来自父亲。帕默的父亲是一位传奇人物，被认为是最伟大的绞首者之一。然而，此后帕默收养了一只鸽子作为自己的秘密宠物，他抵制社会压力的决心变得坚决起来。"学生的讨论非常棒，"这位英语老师说，"他们把帮派生活和帕默的道德困境相互对照开展讨论。"学生以苏格拉底式研讨的形式共同讨论这本书，研讨会的框架是巴西隆在科学课上提出的那三个准则：在《绞首者》这本书中，照顾好自己、互相照顾和照顾好这个地方遇到哪些挑战？在我们自己的生活中，这三个原则又遇到哪些挑战呢？

两位老师对尊重的力量发表了一致的观点。巴西隆老师说："我们整个社区都被这件事震惊了，如果假装这件事没有发生，那将对学生造成巨大的伤害。""我进一步拓宽了尊重的概念，尊重的对象应该包括我们所处的环境，以及类似的事物，"格雷勃补充说，"我在学生论文中看到了对尊重更微妙的定义。虽然这个词流传甚广，但它通常意味着威胁。学生发现实际情况要复杂得多，我让他们进行了深入思考。"

三、勇气可嘉

勇气可嘉是面对恐惧时的坚持（Norton & Weiss，2009）。它是一种行为或者行动，而不是一种天生的性情，因此它会根据环境的不同而表现出不同的性质。勇敢行为涉及了本书中提到的很多要素，包括心理弹性、合理应对能力、积极的认同感和自主性，以及一系列友善交往行为（Hannah，Sweeney，& Lester，2010）。当一个人努力完成一个有意义的目标时，会表现出勇气以帮助他们去面对个人风险——这些风险通常是心理上或者来自社会的，而不是身体上的。充满勇气的行为包括代表他人发声，以及作出不受欢迎的道德选择。

特蕾莎·佩雷蒂尔（Therese Pelletier）是五年级教师，她使用文学圈的形式（Daniels，2002）探索年轻人在生活中表达勇气的方式。她先预览每本书，然后让学生列出他们最喜欢的两本书。基于学生的反馈，她最近为五部小说开展了文学圈活动：

◎《飞翔的埃斯佩兰萨》（*Esperanza Rising*）（Ryan，2000）。

◎《细数繁星》（*Number the Stars*）（Lowry，1989）。

◎《一名女水手的自白》（*The True Confessions of Charlotte Doyle*）（Avi，1990）。

◎《乔希的球场》（*The Crossover*）（Alexander，2015）。

◎《奇迹男孩》（*Wonder*）（Palacio，2012）。

佩雷蒂尔老师解释说，她试图展示一系列超越历史和当代背景的文学作品。"勇气可嘉是一种持久的品质。"她说。学生每周开两次会来讨论他们愿意阅读哪个部分的文章。在讨论了诸如情节分析等文学方面的内容后，他们将注意力转向了勇气可嘉这个主题，并提出了一些指导性的问题来构建讨论框架（McConnell，2011，p.65）：勇气从何而来？勇敢的行为如何影响他人？冒险和勇气有什么关系？忍耐和勇气有什么关系？

凯尔文·帕克（Kelvin Parker）是七年级的英语教师，他的课程标准包括要求学生撰写正式的陈述报告，而调研勇气是其中一个报告的主题。每年他都会让学生查阅授予国会荣誉勋章的军人名单或诺贝尔和平奖（Nobel Peace Prize）获得者名单。然后让学生选定一个人进行研究，并就研究对象在面对恐惧时表现出的勇气撰写一份书面报告。"之后，"帕克老师告诉我们，"我让学生再选择另一个人来研究——国会荣誉勋章平民获奖者，因为他们也展示了类似的勇气。"

每年，平民类国会荣誉勋章会分四个类别颁发给个人和组织：个人英雄行为、服务行为、社区服务英雄和8—17岁的青年英雄。学生的正式陈述报告要就两个选中的人进行比较分析。派克老师解释说：

> 我们很容易理解为什么像马丁·路德·金（Martin Luther King Jr.）这样的伟人是多么勇敢，或者像加里·戈登（Gary Gordon）和兰德尔·舒加特（Randall Shughart）这样的战争英雄是多么勇敢。后两位英雄在摩加迪沙战役中牺牲自己的生命来拯救他人，但他们的事迹也很惊险。学生会对自己说："我永远都做不到。"于是我想让他们看到"普通人"是多么勇敢。事实上，这些人和我的学生都非常不平凡。我想让学生看到别人和他们自己的非凡之处。

我们不希望学生认为勇气可嘉是一种只能表现在他人身上的特质，或者勇气可嘉就是为别人冒生命危险。每一天，普通人都在默默地用勇气和决心让世界变得更美好。因此，我们在这一章公共精神的讨论中回到坚毅和勇气，以探索它在我们与世界互动活动中发挥的作用。处理社区问题是一个勇敢的决定，对变革领导者的坚毅和勇气有极高的要求。全国各地的学校都已经安排了时间让学生通过"天才时刻（Genius Hour）"和"创客空间（maker spaces）"来探索创新想法。"天才时刻"的灵感来自谷歌，该公司承诺确保工程师拥有 20% 的自由时间从事他们感兴趣的项目。当然，谷歌也得到了应有的回报，这一 80/20 的项目创新理念最终促成了谷歌新闻（Google News）和谷歌邮箱（Gmail）的出现。尽管 2013 年谷歌停止了 80/20 项目，但该项目激发了学生创新教育类应用的发展。创客空间是该努力的另一个成果。全国各地的学校和图书馆的实验室里都堆满了 3D 打印机、软件、电子产品和其他硬件，支持 STEM 活动的开展，并给学生时间和空间去探索他们的兴趣、爱好所在。

帮助他人解决十分困难的问题，同样需要毅力和勇气，当然也需要时间。"天才时刻"和"创客空间"的工作应该期望这些项目能够找到帮助他人的方法。亨德里克斯中学（Hendricks Middle School）的学生提交了参加"天才时刻"（Genius Hour）项目的提案，陈述他们的探索将如何造福他人的理论依据。"所有的项目都需要老师的批准，"阿莉萨·林肯－德怀尔（Aleesa Lincoln-Dwyer）说，"去年，我们在提案的评价标准中增加了另一项，即学生必须提供一份收益报告，来说明投资这个项目对其他人有什么好处。"林肯－德怀尔女士说，收益报告的要求一开始对学生来说很有挑战性，因为学生通常会利用"天才时刻"项目来探索自己的兴趣。"我们希望他们考虑自己的学习如何能让别人的生活变得更好。"他们阅读了《驭风男孩》（*The Boy Who Harnessed the Wind*）（Kamkwamba & Mealer，2010），还观看了威廉姆·卡姆夸姆巴（William Kamkwamba）在 TED 上讲述自己工作的视频。"我们讨论了威廉姆如何将他对科学的热情与改善家庭、村庄生活的需要联系起来。"她说道，学生都认为威廉姆对图书馆和废弃材料的使用与他们开展的"天才时刻"活动并没有什么不同。

"那是一个转折点。"老师一边说，一边环顾图书馆，指出那些正在研究火箭的学生（"因为我们的太空计划需要像我这样的人把我们送到火星"），还有开发监狱系统（"我的邻居中很多人最终都到了那里，他们没有掌握任何技能"）和水培法（"大量的饥饿人群以及气候变化将改变我们的耕作方式"）的学生。林肯－德怀尔老师还指出，项目的复杂性有所增加。"去年，我们收到一些项目计划书，关于如何制作粘液以及如何提高足球技能。并不是说这些项目没有价值，但大多数项目仅仅关注他们的生活，"她说，"在今年的项目中，学生回答一个问题，然后会有三个新的问题要解决。我很高兴看到六年级和七年级学生在解决复杂问题时所展示出的投入程度。"

四、道德责任

"这不公平！"你是不是曾经多次从学生那里听到过这句话？公平问题对孩子们来说尤其令人烦恼。将他们的注意力从自己的需要扩大到他人的需要并不容易。但道德责任要求学生将自己的情况与群体的情况结合起来。不考虑对群体影响的公平是自私的。此外，道德上负责任的决定有时需要判断对错，并为自己的行为承担责任。一个有道德责任感的人，其行为方式应该是高尚和有原则的。在前几章中，我们通过友善交往行为（如帮助、分享、团队合作）的视角讨论了社交行为的概念。在这里，我们进一步扩大范围，增加了公共精神中的社区和谐（community harmony）元素。

在教育界，我们经常使用科尔伯格（Kohlberg，1963）的阶段理论（stage theory）来讨论儿童和青年的道德与伦理发展（见表 6.1）。非常小的孩子主要处于前习俗水平期，严格地从自我中心的角度作出判断（要生动地展示自我中心的观点，可以看看几个两岁的孩子，当他们只有一个玩具时，有什么行为表现）。随着孩子们进入学前班和小学阶段，他们进入了道德思维习俗水平期，但还会引发那些关于公平的争论。作为教育者，我们需要创造条件使儿童和青少年更快地渡过这些阶段。在道德推理方面，年轻人通常可以比他们目前所处的阶段提高一个层次，但一般也不会高出两级。因此，不要期望阶段三的儿童行为能够达到阶段五（这是民主背后的基本原理）的水平。但在第三阶段，他们可以延伸到第四阶段，这也是民主的基石。

表 6.1　科尔伯格道德发展阶段

阶　段		决策驱动因素	局限性
前习俗水平期	第一阶段：受服从和惩罚的驱使	"这样做不好，因为我受到了惩罚。"	几乎没有对与错的概念。
	第二阶段：自我利益驱动	"这对我有什么好处？"	不考虑他人的观点。
习俗水平期	第三阶段：遵循社会标准	"我是个好男孩"或"我是个好女孩"。	出现社会共识意识来规范行为，但不一定是内在的规范。
	第四阶段：由社会服从驱动	"规则和法律维持社会秩序。"	道德主要由社会决定。
后习俗水平期	第五阶段：社会契约驱动	"所有人都有权利，持有不同的价值观和观点。"	基于大多数人的最大利益，通过妥协达成的决定。
	阶段六：由普遍伦理原则驱动	"法律必须建立在正义的基础上，不公正的法律必须不被遵守。"	怀疑是否有人能一直处于这个水平。

　　道德责任贯穿一生，而成年人面对的是塑造了观念和信仰的经验。然而，第一次在文本和多媒体中遇到道德困境时，年轻人也能够从中获益。角色的斗争，无论是真实的还是想象的，当学生挣扎着决定什么是公平的、什么是正确的、什么是承担责任的意义时，在今后面对生活中类似的问题时，这些都可以为他们指明道路。在《一粒米》（*One Grain of Rice*）（Demi，1997）中，王侯必须面对自己暴虐人民的不公正行为。在《大卫惹麻烦》（*David Gets in Trouble*）（Shannon，2002）中，大卫必须承认自己的错误。在《饥饿游戏》（*Hunger Games*）三部曲（Collins，2008）和同名电影（Jacobson & Ross，2012）中，凯特尼斯·伊夫狄恩（Katniss Everdeen）要在一个反乌托邦世界中，解决不断演变的正误意识。在《局外人》（*The outsiders*）中，波尼博伊（Ponyboy）必须为他在两起死亡事件中所扮演的角

色承担责任（Hinton，1967）。

汤姆·里维斯（Thom Reeves）的一年级学生对绘本《与塞尔吉奥的自行车一样》（*A Bike Like Sergio's*）（2016）开展了讨论，共同探索什么是道德责任。故事的主角是一个名叫鲁本的小男孩，在去商店的路上，他捡到了一张100美元的钞票。鲁本面临着道德困境，是把钱还回去，还是把钱存起来买一辆新自行车。他还想到母亲可以用这笔钱购买家庭所需的生活用品，这进一步加深了他的苦恼。鲁本后来把钱还给了失主，但他说："我很快乐，但也很困惑；我感到很充实，但也空落落的；我觉得我做得对，但也失去了很多。"

在课堂互动朗读之后的讨论中，里维斯老师回到了这句话，他请学生讲一讲鲁本的矛盾感受和决定。然后他把学生的见解记录在两张词语图表上。其中一张的关键词包括"快乐""充实"和"做得对"；另一张包括"困惑""空落落的"和"失去了很多"。"学生真的必须与这些想法作斗争，首先是在故事中寻找有关鲁本困境的证据，然后是他们自己的观点，"里维斯老师告诉我们，"并不是所有学生都坚信自己会作出和鲁本一样的决定，但只要创造讨论的机会，他们就可以探索自己的想法。"

吉尔·阿蒙（Jill Ammon）是八年级的社会研究老师，他用美国独立宣言和宪法的序言来研究民主诞生时的伦理道德。"这两份文件都是基础性文件。我发现一种可以让学生坚持下去的趣味方法，让他们分析自然权利和不可剥夺的权利背后的伦理，"他说，"我提出了一个前提，允许奴隶制再存在90年，让学生在此条件下重新考虑这些理想，由此对话真正开始了。"他指出，"道德责任对美国建国过程所产生的影响"这一主题有重要意义，让青少年对此主题开展研究对他们的成长来说至关重要。"学生正处在人生的重要发展阶段，他们开始意识到，一切都不能简单地说'对或错'，"阿蒙老师告诉我们，"理想和行动之间的模糊性很难处理。这些文件所传达的社会契约也为那些没有发言权的人，尤其是妇女和被奴役的人制造了隔阂。"

五、公民责任

社会成员除了要以高尚和有原则的方式行事外，还有责任参与改善社区。这种公民责任是一种参与性民主的标志，这种民主寻求向所有人发出声音并解决社会不公正问题。通过情绪和认知调节（见第三章和第四章）培养的性格与技能，以及友善交往行为（见第五章），在地方、国家和全球社区中以更广泛的方式表达。全世界各地民主制度的建立，所依据的原则都是人民有权作出决定。考虑一下共和国的定义：其政府，拥有的最高权力属于有权投票的公民团体，并由对他们负责的民选官员和代表行使权力，依法治国（Merriam-Webster Online，n.d.）。

美国历史教师肯德拉·马库斯（Kendra Marcus），用马里兰州代表詹姆斯·麦克亨利（James McHenry）的日记培养学生的公民责任感。麦克亨利1787年代表马里兰州参加大会，该大会最终制定了美国宪法（Potter，2016）。这篇1787年9月18日的日记，讲述了麦克亨利离开会场时，在街上目睹了本杰明·富兰克林和一位女士的对话：

一位女士问富兰克林博士："我们的国家是共和制还是君主制？"

"共和制，"博士回答说，"如果我们能坚持共和制。"

"我在开学第一周就介绍了以上内容，它也是整个课程的核心主题，"马库斯说，"坚持人民而不是国王作决定的原则意味着我们所有人都必须积极参与全国对话。"她的学校为大量从其他国家移民过来的学生提供服务，包括一些没有合法身份的学生。

我知道这其中涉及很多政治因素，我的一些学生对公民身份和围绕公民身份的言论感到沮丧。但我希望他们看到，他们的公民责任超越了文件。特别是在地方一级，他们有能力做很多很好的事情。

在整个课程中，马库斯女士经常回到富兰克林的挑战，即保持一个共和国需要积极的追求。她的学生用历史作为镜头来审视危机时刻。她解释说：

密苏里妥协案、土著人被迫流离失所、废奴运动、争取妇女权利的斗争、进步时代、民权运动……所有这些时期，那些响应公民责任号召的人，无论他们是否是拥有投票权的公民，都会这样做。

她补充说："富兰克林的话是我们的试金石。它们是行动的号召。但是否回应则取决于我们。"

在最年轻的学生中培养公民责任感有一个简单的方法，鼓励他们保持好自己的课堂环境，并为之感到自豪。幼儿园和小学的老师为学生建立常规工作表，如清理工作空间、归还材料和把椅子归位。许多教师轮岗教学，让每个学生都能体会到做好一份工作的责任和自豪，以及它对课堂社区的影响。一年级教师蕾娜·罗梅罗（Leyna Romero）展示了一张课堂工作图表，在每项工作下都分配了学生的名字。除了我们能预期到的比如"小队长"和"为其他小朋友拉住门"这样的工作，她还在表格中加入了一些以更突出的方式让整个班级受益的项目。"我分配的其中一项工作是小老师，"罗梅罗老师说，"小老师重复我给整个班级下的指令，如果指令让人困惑，他会让我再澄清和确认。这有点像做发言人。"她还每周指派一个人担任迎宾员。"我们有很多前来参观的客人，所以迎宾员需要欢迎客人，解释我们在做什么，并帮助他们在课堂里找到座位。"她还利用其他工作来培养学生的公民责任感，包括"绿色团队"，他们负责确保同学们把合适的垃圾放到可回收垃圾筒里，在离开课堂时关灯，以及把任何可堆肥的垃圾都送往学校的堆肥站。另一项课堂工作是技术支持，这些学生需要确保在使用结束时为电脑手推车上锁，并在夜间充好电。

学生还在学校里学习了投票的后续影响。在卡特琳娜·奥尔特加老师（Katrina Ortega）四年级的课堂上，学生对许多大大小小的事情进行投票。

例如，他们在老师简要介绍了两本相关主题的书之后，对班级朗读活动投票，对评估类型投票，对班级代表投票。学生有时间在课堂投票前分享他们的想法。例如，班里的一名学生温斯顿（Winston），他想把数学课排在早上第一节，而不是排在阅读和语文课之后。他问奥尔特加老师："我们能就此投票吗？还是你已经决定了，所以我们不可以就这件事进行投票？"奥尔特加老师向温斯顿保证，投票是合理的，并表示在进行课堂投票之前，应该对课程的顺序进行一些讨论。他们同意在下周一进行投票，并邀请同学们在投票前的每天午餐后用 10 分钟时间分享各自的想法。许多学生都解释了自己的想法，他们有些想要保持原来的时间表，有些则想要改变它。正如奥尔特加老师提醒的那样："无论什么投票，都会有让一些人感到失望的风险。我们是一个社群整体，所以我们也必须密切关心那些在选举中失败的人的感受。"最后，全班同学进行了投票，课表安排也进行了调整。一名在投票中选择保持原课表的学生说道："没关系。（尽管我们有了新课表）我们的学习还在继续。我喜欢在课间休息后上数学，不过这样也挺好的，真的。"

中学教师萨缪尔·弗兰奇（Samuel French）和林赛·法伦蒂诺（Lindsey Farentino）使用在线游戏程序 iCivics（www.icivics.org）开展教学，该程序最初是由桑德拉·戴·奥康纳法官（Justice Sandra Day O'Connor）构思的。这个免费的资源包含 19 个不同的游戏和 150 个教学计划。法伦蒂诺女士告诉我们：

作为英语和历史老师，我们希望学生在这两方面都能达到标准。他们在这个项目中的游戏同时发展了读写能力和公民技能。我的学生特别喜欢"我有权利吗？"这个游戏。（在这个游戏中，学生律师需要判断客户是否有符合宪法的案件），但是所有的游戏我们都玩。我们也用系统推荐的教师模式，在学生玩游戏之前先教授并介绍一节课，游戏结束之后再上课。

独立研究表明，iCivics 课程是有效的。例如，该课程使学生的公民科学成绩提高了 37%（LeCompte, Moore, & Blevins, 2011）。此外，当教师实施 iCivics 时，学生的写作技能提高了（Kawashima-Ginsberg，2012）。也许更重要的是，这两项研究的结果在性别、种族和社会经济地位方面都是平等的。

我们所在学校的高中历史老师每三周左右就会举办一次辩论会。学生和教师共同确定主题，组建团队，作好准备。在本学年的第一场辩论中，学生抽卡片选择赞成或反对方，然后老师帮学生分组。虽然学生有一些时间在课堂上准备辩论，但他们必须做大量的课外研究。随着学生辩论能力的增强，预先设定的赞成和反对方被取消了。在第一学期结束前，辩论组必须同时为正反双方立场准备论证，因为直到辩论的那天才会知道他们被分配到哪一方。到了辩论那天，小组抽签决定号码和地点，并与其他班级对应的小组进行辩论（例如，九年级的小组可能与十一年级的小组进行辩论）。我们的学生对他们的辩论技巧感到非常自豪，当评委宣布获胜者时，他们非常激动。但是，正如我们的一位同事所说：

从本质上讲，这真的与输赢无关。这是公民行为和责任。它关系着学习和思维，并就一个话题的两面进行思考。我们认为，正因为在课堂上教给学生技能，我们的学生长大后会更愿意参与公共讨论和辩论。

六、社会正义

具有公共精神的行为模式是由内心社会正义感驱动的。全体人民的人权是开展学生社会公正教育工作的基础。正义不是复仇，而是追求他人物质生活质量的改善。1948 年，为防止再发生像第二次世界大战那样的恐怖事件，联合国制定了《世界人权宣言》（*The Universal Declaration of Human Rights*）（以下简称《宣言》)，明确了人类共有的 30 项权利，社会正义的许多工作都可以纳入其中。自那时以来，《宣言》成为包括残疾人宣言和儿童宣言等宣言的基础文件。这 30 项人类权利包括言论和思想自由，以及免于匮乏、酷刑、奴役和压迫的自由;《宣言》还概述了基本人权，包括与食物、水、住房和迁徙权利有关的人权。《宣言》的最后两条可以说是最有力的：人人都有责任保护他人的权利和自由，没有人可以剥夺你的人权。

为他人辩护是儿童需要学习的一项重要的 SEL 技能，需要成年人告诉他们该如何去做。小学阶段的学生习惯了被人照顾，而不是去关心别人，所以他们在这个领域的自主性尚未得到充分发展。然而，儿童年龄虽小，改变的潜能巨大。蒙哥马利、米勒、福斯、塔拉克森和霍华德（Montgomery，Miller，Foss，Tallakson，& Howard，2017）描述了一个"有爱心"的幼儿园班级所作的努力。《宣言》第 26 条规定每个人都有受教育的权利，在该条目的激励下，全班共同阅读了有关儿童权利的各种书籍，了解了部分儿童艰苦的生活条件。老师也与他人合作，为萨尔瓦多（El Salvador）贫困社区的一所中学筹集资金，为六年级小学毕业生继续升学提供资助。幼儿园的孩子还与一位美术教授和一位版画家一起设计横幅，通过出售横幅为该所中学筹集资金。项目期间和之后对这些儿童的采访显示，孩子们"认识到自己的教育权利和特权，并表现出对全球同龄人的关心和同情"（p.13）。

高中化学老师克拉克·安德森（Clark Anderson）用《每个人都有权利》（*Every Human Has Rights*）（National Geographic，2008）一书向学生介绍科学为所有人促进社会正义的伦理责任。这篇摄影随笔以一种感人的方式介绍了《宣言》，并为随后该领域道德规范的讨论提供了框架。安德森博士使用了《宣言》中的两项权利（即第 25 条关于生活水准和第 29 条关于人人有责任保护他人的权利），围绕密歇根州弗林特市的水资源危机展开教学。自 2014 年以来，弗林特市超过十万居民遭遇了饮用水铅污染危机。学生了解了来自弗吉尼亚理工大学（Virginia Tech）、美国环境保护局（the Environmental Protection Agency）和赫尔利医学中心（the Hurley Medical Center）的科学家们所作的努力，并记录了饮用水污染率，以及铅中毒对儿童和成人的影响。

利用已发表的数据，安德森博士的学生分析了报告揭露的情况，并利用 GIS 在线地图定位铅管分布带。他的学生还调查了政府目前已开展的减轻铅污染对儿童伤害的行动，并就减少进一步伤害的努力作出了评论。"我和学生曾经一起做过实验，证明了为什么煮沸方法不能降低污染水源中的铅含量。"老师解释说，"我们还观察了弗林特市为教育居民正确处理受污染的水开展的行动。"安德森博士很清楚他想让学生知道什么：

化学、新闻、医学、教育——所有这些领域都有专业人士，他们明白自己在确保实现社会正义方面的责任。这需要勇气和毅力，但如果没有认真承担这一责任的人，无数的人可能会受到伤害。

七、服务式学习

服务式学习是一种将学术学习与社区福祉相结合的教育方法。在过去十年中，这一方法得到越来越广泛的应用。服务式学习不同于社区服务，社区服务主要是通过个人志愿活动来实施的。虽然社区服务很有价值，但缺乏服务式学习所带来的互惠性。服务式学习中，学生与社区组织的联系更加紧密，"与他人合作，而不是仅仅为他人服务"（Boyle-Baise & Zevin，2013，p.217）。与社区服务不同，服务式学习构建了学校、教师、社区组织和学生之间的合作伙伴关系（National Youth Leadership Council，NYLC，2008）。项目的目标来自特定的课程内容学习，重点是课堂上教授的概念如何在社区环境中变成现实。然而，服务式学习也存在风险，它可能演变为一种慈善形式，"引发怜悯，而不是激发对被剥夺权利的群体的同理共情"（Strom，2016，p.37）。充分的准备是确保学生拥有认知、社交与情感工具的关键，这些工具是理解他们的经历和行为所必需的。

"服务式学习"的标签已经被贴到一系列校外活动中，但实际上，许多活动无法达到所述目的。例如，在感恩节假期前为无家可归者提供食物，这样的一次性活动不太可能产生太大的持久影响，只能产生怜悯，并让学生与该问题产生社会距离（"我很庆幸那个人不是我"）。NYLC制定了服务式学习的互惠性标准——对社区和个人都有积极影响（NYLC，2008）：

◎有意义的服务。服务式学习积极地促进学生参与有意义的并与个人相关的服务活动。

◎与课程链接。服务式学习需要有意地用作一种教学策略，以达成学习目标或丰富内容标准。

◎反思。服务式学习包含了多种具有挑战性的反思活动，这些活动能够促进学生对自己以及自己与社会的关系进行深入思考和分析。

◎多样性。服务式学习促进所有参与者加深对多样性和相互尊重的理解。

◎青年人的声音。在成年人的指导下，服务式学习能够对青少年规划、实施和评估自身经验产生强大影响。

◎伙伴关系。服务式学习伙伴关系是协作的、互利的，并能满足社区需要。

◎进度监控。服务式学习能够让相关人员全面参与，评估实施的质量和特定目标的实现情况，并使用评估结果改进服务式学习，增强可持续性。

◎持续时间和强度。服务式学习需要有足够的持续时间和强度满足社区的需求，达成特定的结果。

服务式学习通常更多地与高中生和大学生联系在一起，但实际实施中却更多地应用于较年幼的孩子中。前面描述的幼儿园图书横幅项目就是服务式学习在学前教育、基础教育层面实施的例子。服务式学习项目也可以依托学校开展。例如，设计和看管一个社区花园，种植新鲜蔬菜和草药，供学校食堂使用。伊格尔斯纳斯特小学（Eagles Nest Elementary School）五年级学生正在学习营养学，他们与学区食品服务部合作，确定需要什么绿色蔬菜；并与后勤主管合作，确定校园内的可用地块。一个学生小组还与县合作推广项目的代表会面，讨论如何建设并维护一个花园，如何选择耐寒品种，以及如何控制病虫害。另一个团队与学校的家长、教师组织合作，协调家长志愿者协助花园的建设。学生制订了一份维护计划，并在上学期间每周轮班浇水、除草、种植和收割。学校社区花园开发几年之后，后续的班级还在空间和供应范围上进行了拓展，社区的邻居们也可以在此种植蔬菜。

公民参与服务式学习对学业成就有较强影响，其效应大小为 0.58（Hattie，2009；参见第一章关于效应量的讨论）。在学科学习之外，参与服务式学习项目的学生——无论是被动的还是自愿的——在经历了活动之后都表现出更高的动机、自主性和自主决定水平（Kackar-Cam & Schmidt，2014）。服务式学习是一种将 SEL 整合到课程中进行教授的一种具体方式。通过项目经历，学生培养了自信和能力。毕竟，如果你从未体验过检测，你怎么知道自己的能力有哪些呢？学生通过延迟满足来培养耐心（见第三章），因为有意义的项目不一定是一个快速的方案。认知调节也是必要的，尤其是在设定目标和作决定时（见第四章）。最后，服务式学习培养了我们希望所有学生都能获得的道德和公民责任，因为他们看到自己作为个体所拥有的改变世界的力量。如果你认为我们听起来像服务式学习的粉丝，你是对的。

八、领导力

培养出专注投入、充满激情的学习者是社交与情感学习的重要成果（Smith，Frey，Pumpian，& Fisher，2017），而培养专注投入、充满激情的领导者也是如此。我们相信要帮助和激发每一个学生，找到他们内心的领导者。我们同样相信这一使命并不一定涉及传统的学生领导结构，如学生会和社团。相反，我们同意纳尔森（Nelson，2017）的观点，他将领导力定义为"帮助人们共同完成作为个体想做或不能完成的事情的过程"（p.48）。

一提到学生领袖，人们很自然地会在脑海中出现一个相当标准的形象：学业成绩突出或运动能力强、口才好、稳重成熟。但尼尔森也建议，要识别、培养和有效调动好那些潜力被忽视的学生，这些忽视往往是因为学业或行为上的不足掩盖了他们的才能。他建议（我们完全赞同）参考运用社会影响调查（Social Influence Survey）（Nelson，2009）。这项在线调查包括 25 项内容，而且是免费的。它的问题主要围绕同龄人在多大程度上追随其他孩子展开，比如当孩子寻求协商时，是否会被视为"班上的小丑"；即使其他人不遵守原则，这个孩子是否会坚持自己的原则。值得注意的是，这项调查主要针对有问题的行为，但是这些相同的品质，如果得到恰当的引导，将会培养出一些非常优秀的学生领导者。

成为第一名通常是一件好事。但是马里兰州的马尔利中学（Marely Middle School）的领导们发现，该校在校内斗殴数量上在全国领先，这使他们感到很沮丧，这当然也是可以理解的（Byland，2015）。当校领导们检查停学和开除的数据，寻找趋势时，他们发现了一个特别令人不安的趋势：非裔美国学生、男性，并生活在贫困中的学生，停学的可能性是其他学生的四倍。奥巴马政府的回应是，要发现那些在停学名单上"成绩优异"的学生，并把他们培养成学校的领导者。于是学校设立了一个领导力发展项目，与这些学生建立联系，为他们提供额外的学术支持，并帮助他们培养控制冲动和解决冲突的能力。在一个学期内，马尔利中学的停课率显著下降，这些学生开始茁壮成长。随着时间的推移，他们确实成为学校的领导者——但首先，学校教会了他们如何领导自己。

我们认为，学校必须在学生会之外，为学生提供其他领导机会，并为学生的参与提供更广泛的选择。在我们工作的高中，有一群学生在从事服务式学习和领导力培养的工作，他们为邻近高中的学生设计、组织年度心理健康会议，并在会上发言。学校的另外一群学生设计了一个名为"理解日"的学校会议，促进学生之间的对话。学生自主决定会议的内容，并聘请主讲人。学校里所有的学生都聚集在当地的会议中心，聆听来宾以及同学们谈论多样性的问题。去年，一个学生小组整理了世界上主要的宗教信仰的材料，展示了一份关于对各大宗教信仰的误解及其共性的报告。其他发言者讨论了有关性别表达、赋予残疾人权力和自主决定的问题。第三项努力涉及整个学生群体，可以磨练他们的领导技能。在学年结束前的一个晚上，学生需要布置好学校里每一间课堂，为当地社区和社区内的家庭举办一个大学和职业研讨会。每间课堂都由一组学生负责，他们向来宾介绍自己的实习经历（9—12年级的每个学生都有实习机会），以及自己的职业和教育抱负。这项工作主要由学生主导，并得到了全校教职员工的支持。所有学生小组必须一起工作，事先计划来访者在各个课堂里的体验项目，提前订购用品，协调时间表，并收集参观者的反馈信息。这些团队迎接了很多挑战，他们年龄各不相同，解决内部问题，达成了一致意见，并最终呈现出一个完善的产品。去年，他们在三个小时的研讨会上共接待了600多位来宾。

本章重点

　　美国的开国元勋们认为，有两种方法可以提高民主政治的可持续性。一是将政府划分为三个分支机构，他们互相监督、互相制衡；二是教育。其理由是，民主的存续取决于知情的人民，因为人民只有知情才能够承担公民责任和参与公民行动。美国的开国元勋们相信，这种学习可以在学校获得。我们同意这一观点。学校可以是年轻人不断尝试履行公民义务的地方；他们在那里学习关于政府的知识，了解参与决策过程对他们意味着什么；当他们学会尊重他人权利时，他们也学会如何为自己的信仰辩护。

 **思考题**

1. 你的学生有多少公民知识？

2. 学生在课程中讨论道德责任的机会何在？

3. 公民责任是重点吗？学生是否有机会通过辩论、讨论、投票等方式参与公民活动？

4. 社会公正是课堂和学校不可分割的一部分吗？

5. 服务式学习如何改变你们学校开展 SEL 的方式？

6. 你如何培养学生的领导力？

第七章　创建 SEL 学校

"希望并非计划。"

沙妮卡·贝尔（Shanika Bell）是一所八年制学校的校长，在员工大会上她说出了上述观点。这所学校叫光明领导力学院，全校老师和管理人员非常希望能够在本校实施 SEL 项目。几名工作人员刚参加完一次全国会议，他们在会议上参观了一些摊位，并查看了相关课程材料。回校后，他们兴奋地分享了收集到的宣传册，并谈论各类 SEL 项目的相对优势。有一位老师特别指出："其中一些项目还带有教师专业发展服务，这样我们可以请培训师来校指导了。"

贝尔博士认真听取了报告，并询问相关情况："这些项目的宣传内容听起来都很棒，但是我们怎么判断哪一个项目才是我们学校发展所需要的呢？"沉默片刻后，一位教师指出："我们希望这个项目能够较好地适用于课堂。"随即校长说出了上述观点，"希望并非计划"。

贝尔博士接着讲述了该校在其他项目上的成功案例，比如开发实践社区。"别忘了我们是怎么在这个项目上取得成功的。我们认真研究了本校的数据，让学生家长参与决策，设定了自己的目标。这个项目也同样，我们难道不应该坚持这种在本校行之有效的决策方法吗？"工作人员直觉认为，社交与情感学习课程能够帮助教师推动学生在生活中前进，但他们也同意，在自己高涨的热情中，忽略了一些重要的步骤。贝尔博士对讨论的方向感到满意。"我同意 SEL 课程可以提高学校的育人水平。但是，我们需要选择正确的项目，让它成为我们自己的项目，并融入我们的日常教学中，而不仅仅是提供独立的课程。那么让我们开始工作吧。谁想领导一个数据工作组？我们还需要一些人去调研、收集家长的意见。"

在校长的领导下，光明领导力学院的教职员工们在学校发展决策中制定了合理的方案。有很多优秀的 SEL 课程可供选择，但是哪一个才真正适合自己的学校呢？这些项目将如何成为学校内部结构的一部分，而不仅仅是每周四下午教授的内容？此外，如何利用家庭和社区的优势，实现对社交与情感学习的全面整合？

一、构建社交与情感学习能力

有研究得出了以下结论：教职员工只有将 SEL 教学融入学校日常教学管理实践中，并充分利用需要这些原则的实际状况，SEL 才能切实发挥作用，否则向学生直接讲授 SEL 课程是不会受到欢迎的（Jones et al.，2017）。

构建教育者 SEL 能力有一种简单的方法，即教师的专业发展（PD）。但缺乏目的性的 PD 是没有效果的。一项专业发展活动，如果没有在全校范围内得到一致认可，没有与其他措施形成合力，则不会引起老师的重视，也不太可能得到必要的支持。如果没有后续行动，包括指导和监控，即使是设计良好的 PD 也会在与之并存的其他竞争性需求面前枯萎。

SEL 应该被学校的具体状况锚定，包括数据系统、家庭参与和学区目标。确定适合 SEL 的唯一途径是认真规划和树立明确的目标。琼斯及其同事（Jones et al.，2017）提出了四步骤实施方法：

1. 使用数据指导决策。

2. 引入关键利益相关者。

3. 确定需求和目标。

4. 根据目标选择一个项目或方案。

本书作者进一步提出，只有学校工作人员在这四个步骤中深思熟虑、通力合作、全员参与，才能构建起社交与情感学习的能力，让努力能够收获成功。SEL 整合进学校，不是一次性工作，这四个步骤也不是。这是一种递归循环、迭代往复的过程，学校必须不断地监督和改进所做的工作，才能不断取得进步和迎接更艰巨的挑战，促进学生的社交与情感发展。

让我们仔细看看在全校范围内有效实施 SEL 项目的四个步骤的具体内容。

使用数据指导决策

从你所在学校的现状开始。其中一些工作是显而易见的，比如分析学生的学风发展变化数据，发现他们的优势和成长机遇。大部分学区每年都会收集这样的数据，作为安全健康学校计划的一部分，这些数据覆盖面广，包括了关于欺凌、师生关系和学习环境等内容。这些数据应进一步汇总，按年龄、性别、社会经济、语言和项目状况等分析发展趋势。

然而我们提倡一种"观察角落"的数据分析方法，这种方法试图超越表面层次，揭示隐藏在普通视野中的数据的各个方面（James-Ward，Fisher，Frey，& Lapp，2013，p. 38）。全国各地的学校都在用"学生热点地图"来扩充他们的学风数据，这是"从角落里看"的一个案例。作为学风调查的一部分，学生会收到一张学校的地图，并被要求圈出他们觉得不那么安全、会发生欺凌事件的地方——这些地方通常是公共场所，比如自助餐厅和公交车等候区。这些地图可以提醒学校的教职工，学校的哪些区域可能需要成年管理者，他们有机会在哪里加强 SEL 教学。这些地图还可以引发进一步的讨论，已经进入这些空间的成年人（例如咖啡厅的工作人员和管理人员）是否接受了必要的专业培训和支持，是否能够采取有效行动。

第二个重要的数据来源是学校员工本身。学校公平审查工作的部分内容可以服务于 SEL（Smith et al，2017）。这一审查工具首先在我们工作的学校开发试点，通过教职工和学生调查学校在以下五个方面开展的公平建设情况：

◎物理融合。

◎社交情感投入。

◎学习机会。

◎教学卓越。

◎积极参与和深受鼓舞的学习者。

审查中关于社交情感投入部分有 20 个问题，旨在调查师生对学校系统有效性的信心，是否切实支持学生咨询和心理健康需求，是否支持学校纪律和出勤考核（见表 7.1）。

表 7.1　学校社交情感投入评估表

社交情感投入
1. 学生的社交与情感需求——从友善交往技能到对创伤的恢复能力——学校有足够的支持。
2. 学生在学校感到安全。
3. 如果学生的心理健康和幸福存在问题，老师知道该怎么办。
4. 有地方接受学生为其进行咨询和社会福利服务。
5. 校内杜绝了校园欺凌情况。
6. 有些学生害怕来学校。
7. 老师和工作人员关心学生。
8. 课堂内外，教师能够全面关心、支持和指导学生。
9. 在学校里，每个学生至少有一个成年人关心、支持和指导他们。
10. 我们提倡积极的种族和人际关系，促进来自不同背景的学生更好地相互理解、开展互动。
11. 我们是具有文化素质的员工。
12. 我们学校有旨在提高学生出勤率的计划和政策。
13. 我们需要花更多的时间来提高学生出勤率。
14. 我们学校的纪律管理工作的指导思想是帮助学生，而不是惩罚学生。
15. 教职员工接受专业培训，协助我们了解及执行全校的纪律工作。
16. 我们理解并支持全校的纪律教育。
17. 学生重视与老师的关系。

18. 当学生行为不端时，他们会受到公平的对待，其处理方式是建立在关爱的伦理道德而非学生个人背景的特征上。
19. 来自特定子群体的学生，当他们行为不端时，会受到不同于其他人的对待。
20. 来自特定子群体的学生，更有可能被惩罚离开教室、停课或开除。

资料来源:《建立公平：增强所有学生能力的政策与实践》(*Building Equity: Policies and Practices to Empower All Learners*)(D. Smith，N. Frey，I. Pumpian，& D.Fisher，2017 p.139）2017 年 ASCD。

  从上表可以看出，我们关注的是结果，而不是学校是否教授 SEL 课程。害怕上学或感觉与学校脱节，是学生长期旷课的原因之一。那些与同龄人或成年人关系紧张的学生，则会花更多的时间在课外。教师往往能敏锐地意识到某些学生的需求未得到满足，这些学生给学校带来了更具挑战性的心理健康需求。我们还需要透过 SEL 的视角检查其他数据源，包括考勤记录、停学和开除率。与这些问题相关的群体性不平等，可以揭示学校特定子群体之间的鸿沟，并有助于发现那些需要更深层干预的学生。

  第三类数据源是学生父母与家庭。我们尤其喜欢了解那些刚进入学校的新生家庭，因为他们还没有习惯学校的现状。在学生登记入学后几周，我们会给家长们寄一封欢迎信和一份家庭调查的第一部分，以评估我们最初接触的效果（参见表 7.2）。我们认为，这封信本身向家长们传达了一个积极的信息，即他们对学校组织具有重要价值。此外，我们每年向所有家庭发出调查的第二部分，以确定学校需要改进的地方。通过信件和调查问卷收集的信息在家庭和教师之间架起了沟通的桥梁。

表 7.2 新生家庭调查问卷

我们想知道我校是否能够满足您的家庭和孩子对教育的需要，并诚恳希望您能够对我校提出宝贵意见。

◎答案没有对错之分。我们只对您的意见感兴趣。

◎您的答案将严格保密。您的答案以及其他家长的答案均仅用于调查报告。

◎您的意见很重要。我们将总结调查结果，并用于提升学校工作，加强家长与学校之间伙伴关系的建设。

您的孩子就读于哪个年级？（在对应年级前画圈，有多个孩子可多选）

K   1   2   3   4   5   6   7   8   9   10   11   12

您的孩子是否是去年入学的？　　　　　□是　　　　　□否

当您参观本校时	始终如此	大部分时间如此	有时如此	完全不符
接待人员是否态度友善并乐于助人？				
老师们是否能够热情交流？				
管理人员是否能够热情交流？				
是否感受到学校的热情欢迎？				

与您/您的家人沟通的最佳途径？（多选，选择所有适用的）

□学校备忘录（电子邮件、网站、信件等）

□孩子的任课老师

□学校辅导员

□直接联系（电话、学校/家访、会议）

□其他（请写明具体途径）：＿＿＿＿＿＿＿＿＿＿＿＿

关于与学校的交流，您是否还有其他宝贵意见/建议？＿＿＿＿＿＿＿＿

＿＿＿＿＿＿＿＿＿＿＿＿＿＿＿＿＿＿＿＿＿＿＿＿＿＿＿＿＿＿＿＿＿

＿＿＿＿＿＿＿＿＿＿＿＿＿＿＿＿＿＿＿＿＿＿＿＿＿＿＿＿＿＿＿＿＿

＿＿＿＿＿＿＿＿＿＿＿＿＿＿＿＿＿＿＿＿＿＿＿＿＿＿＿＿＿＿＿＿＿

上个学年，学校的教职工曾与您联系，交流过关于……（多选，选择所有适用的）

☐您孩子取得的学业成绩

☐您孩子遇到的学业困难

☐您孩子的积极社会行为

☐您孩子的不良社会行为

☐您孩子在其他领域得到的奖励（体育、音乐、志愿服务等）

☐无特殊原因，只是常规联系（相互问好、互相介绍等）

☐其他（请写明具体内容）：＿＿＿＿＿＿＿＿＿＿＿＿＿＿＿＿

关于对孩子成功的期望和遇到的困难，您还想告诉我们什么？

＿＿＿＿＿＿＿＿＿＿＿＿＿＿＿＿＿＿＿＿＿＿＿＿＿＿＿＿＿

＿＿＿＿＿＿＿＿＿＿＿＿＿＿＿＿＿＿＿＿＿＿＿＿＿＿＿＿＿

＿＿＿＿＿＿＿＿＿＿＿＿＿＿＿＿＿＿＿＿＿＿＿＿＿＿＿＿＿

＿＿＿＿＿＿＿＿＿＿＿＿＿＿＿＿＿＿＿＿＿＿＿＿＿＿＿＿＿

您对以下陈述持有何种意见？	高度认可	认可	不认可	强烈不认可
学校对我的孩子期望很高。				
老师们是否能够热情交流？				
学校清楚地向我和我的孩子传达了这些期望。				
我的孩子正在学习他或她毕业后取得成功所需要知道的知识。				
我的孩子在学习或社交上遇到困难时，会得到帮助。				
学校的课程和活动让我的孩子保持兴趣和活力。				
我的孩子在学校很快乐。				

关于我们学校，您是否还有其他宝贵建议和意见？
_____
_____
_____
_____
感谢您花时间完成这份调查。没有您和您家庭的支持，我们不可能成为世界上最好的学校。

资料来源：《建立公平：增强所有学生能力的政策与实践》（*Building Equity: Policies and Practices to Empower All Learners*）（D. Smith，N. Frey，I. Pumpian，& D. Fisher，2017 p.38-39）2017 年 ASCD。

综上所述，这三类数据源提供了学校 SEL 状况的初步视图。这些数据应该与教师共享，作为开启 SEL 讨论的一种方式。不过，请注意，学校的部分教职工可能想要跳过深思熟虑的分析，直接奔向解决方案。这是一个常见的错误，它往往导致过于臃肿的计划，焦点分散，具体策略难以监控或缺乏支持。

在形成解决方案之前，我们需要使用一个简单的方式来推动分析、解决问题。分享完数据后，我校教职工八人一组，进行两轮的"观察和探索"。在第一轮观察中，每位成员花 5 分钟写下客观的观察结果，每张便利贴写一个结果。成员每次共同讨论一个观察结果，直到所有的观察结果都共享、讨论完毕。然后，该小组的组长将这些便利贴聚集在一起，将类似的观察结果归类，并为每个类别贴上标签。在第二轮的探索分析过程中，这个过程再次重复，这一次使用"我怀疑……"作为问题的开头句式。在所有的怀疑都提出并分享之后，组长（再次根据组员提供的材料）把问题集中起来——现在需要确定问题的类别了。各个组负责人聚集在一起形成大组，共享每个组从数据分析中提取的类别。这些类别根据数据源内部和跨数据源的问题归类而成，综合考虑各个类别，不会陷入可能破坏流程的单个策略中。大组根据最初的调查结果生成一个需要参与的关键利益相关者列表，学校能够从这些人身上获得更多的见解，此后内部讨论阶段就结束了。

引入关键利益相关者

家庭、学生和学校工作人员（包括分类人员和认证人员）的广泛参与，能够成倍增加 SEL 方案成功的可能性。考虑到孩子（也包括成人，就此而言），一天中的每一个时刻都会受到社交与情感技能以及性格的影响，争取广泛的利益相关者，共同分析抑制或增强 SEL 的相关策略则是顺理成章的吗？他们可以针对学生的当前需求和优势提供各自的观感与想法。学生焦点小组是一个很好的资源，有助于总结学生头脑中不同的经验。毕竟，学生自己选举出的治理领袖很可能与不属于任何学校俱乐部或不参加任何学校体育活动的学生有着不同的观点。同样，你还需要查看校园的各个角落，收集尽可能多的意见。

这些学生小组应该由一位主持人带领，他能让对话继续下去，并确保对话集中在一份提前准备好的适当的问题清单上（最多 5—10 个）。告知焦点小组的成员，这项活动的目的是让他们参与到 SEL 方案设计中来。我们发现与焦点小组分享一些相关的数据，并询问他们的反应，会有非常好的效果（如询问"你对学生持有关爱信念的数据感到惊讶吗？它比你想象的要高还是要低？"）。接下来，我们需要询问他们对方案的正面看法。例如，您可以告知自助餐厅的工作人员关于餐厅被标记为热点次数的数据，收集他们对数据的反应。然后要求他们描述一个更安静的自助餐厅应该是什么样的。我们工作的学校会在学校前厅的公共电子屏上发布调查数据，并附上"我们怎样才能做得更好"的问题，广泛征求意见。其中一些数据已经被确定为有问题的指标。我们要求全体师生员工、学生家长等提出应对措施，他们可以匿名回复，并放在附近的意见箱里。我们对相关人员的参与热情感到惊喜，尤其是那些来学校接孩子或参加会议的家长们，参与度极高。记住这些方法的公共关系属性。通过询问，您是在邀请相关利益者参与决策过程并传达您的价值观。

确定需求和目标

为了确定学校的具体需求和目标，我们建议使用根本原因分析方法（root cause analysis）：通过数据和利益相关者讲述，研究相关需求，同时考虑可能阻碍学生进步的内部和外部因素，并明确采取哪些措施来打破这些障碍（或提供越过、绕过这些障碍的路线）。一位资深的学区行政人员曾对我们说："每个系统都要经过精心调整，才能产生所期望得到的结果。"这是真的，那么为什么不探索一下改变系统会如何改变这些结果呢？

我们使用的根本原因分析方法包含六个因素（James-Ward et al.，2013）：

◎学生因素（Student factors）。除了人口统计数据以外，许多学生因素也能带来启发，包括出勤率和学生学风数据（例如，对学校的印象）。

◎外部因素（External factors）。尽管在学校之外，但这些因素（例如，财政支持，社区犯罪率，图书馆的使用，父母的支持）可以影响学校内发生的事情。

◎组织架构（Organizational structure）。每一所学校都有自己的组织结构，包括人员、角色和责任，以及内部问责程序。例如，学校是否使用专业学习社区或其他协作学习进程？学校辅导员或社工是否有机会与这些团队见面讨论数据？

◎组织文化（Organizational culture）。学校内部结构产生的互动可以抑制或加强组织文化。如果一所学校全体学生每天早上都在操场集合，由此开始新的一天，那么这所学校的组织文化与那些一年只进行几次学生晨会的学校必然不同。一所学校，为了促进教师合作而要求教师按年级或部门进行"走访学习"；而另一所学校，其不成文的规定是教师在教学过程中互不观察，两所学校的组织文化必然有所不同。

◎教学（Instruction）。我们有意将这最后两个因素——教学和课程放在根本原因分析过程中的最后部分，恰恰因为这两个因素往往是学校在解决问题时首先考虑的因素。高质量的教学是衡量学校里发生了什么或没有发生什么的主要指标。但是，如果不首先考虑其他可能抑制教学质量的系统，而直接考虑这个因素，就相当于在一艘正在下沉的船上重新布置甲板上的座椅。

◎课程（Curriculum）。当谈到 SEL 项目实施时，许多学校的反应是购买一个课程项目，然后就可以收工了。可以肯定的是，许多免费的和付费的 SEL 课程项目都十分可靠。但购买课程就像是买车一样，有很多车型评价很好、价格合适，但一辆好车并不意味着就是适合你的。相应的，只有在仔细研究了你的学校需要什么之后，才能选择一个 SEL 课程项目或方案。

通过根本原因分析确定的一些因素可能不是学校层面的努力可以解决的。然而，这并不意味着没有必要说明这些因素。还有一点很重要，尽管存在这些影响因素，但它们对于预判学生的成绩影响不大。举个例子来说，芝加哥学校研究协会（the Consortium of Chicago Schools Research）（Bryk，Sebring，Allensworth，Luppescu，& Easton，2010；Burdick-Will，2013）的报告指出，学校安全的最佳预测因子是组织内的社交资本、学生的学业成绩以及学生与教职工的关系。学生贫困和社区犯罪率并不是学校安全的预测因子。换句话说，投资 SEL 促进形成一个积极的师生网络，有助于促进学生学业成就和学校安全空间构建，但是它无法改变学生的社会经济地位或社区犯罪率。

一旦根本原因浮出水面，工作组就可以着手制定指导监测和评估方法的目标。目标开发的一种常见形式是 SMART 目标设计过程模式。SMART 目标是指具体的（specific）、可测量的（measurable）、可实现的（attainable）、结果导向的（results-oriented）以及有限时间的（time-bound）目标。这些确实是一系列的目标，而不仅仅是单个目标，并且这一系列目标应该用来衡量项目进展和效率。例如，SMART 目标与 SEL 方案相关的内容可能是如下形式：

◎到学年结束时，K-1 年级的学生将能够提供至少三个例子，说明他们在感到悲伤、担心或害怕时如何管理自己的情绪。（情绪调节）

◎到第一季度末，中学生将能够识别可用于考试复习阶段的学习技术，并反思他们如何使用这些技术。（认知管理）

◎到九年级结束时，所有学生都能提出、实施并反思一个服务式学习项目。（公共精神）

在各种来源和相关利益者的数据分析的基础上，制定的目标才更有可能实现。根本原因分析进一步阐释了学校所确立的目标，它考虑了许多促成学校当前状态的因素。这对于开发一个可行的 SEL 项目方案是至关重要的，它避免了一种过于简单化的思维陷阱：我们只需要"修复"学生，然后一切就会好起来。通过仔细检查系统、开发符合需求的目标，我们才能使自己具备监控进度和评估项目的能力。

根据目标选择一个项目或方案

显然，在没有仔细考虑数据、相关利益者和确定本校特定需求与目标的情况下，就购买 SEL 项目或方案将是一个巨大的错误。如果没有数据分析，学校可能会盲目地选择一个几乎没有需求支撑的项目。如果不能让利益相关者参与进来，实际上就意味着这个方案注定要失败，因为教师、学生和家长几乎都不会支持。不仅不被支持，项目只会被认为是另一项学校安排的任务，而且可以肯定的是，当师生工作日程安排太满时，它会第一个被取消。即使是经过仔细研究的项目或方案，如果与已确定的本校需求缺乏目标一致性，也可能导致无法实施成功。SMART 目标能够为学校领导和教师提供监控与调整实践的方法。

现在，如果具备了以上所有这些条件，是时候选择一个项目或方案了。很有可能出现的情况是，本学区设计的方案才能最有效地满足学校确定的需求。许多学区都选择了这条道路，他们希望根据社区基础文化规范、地区优势以及外部机构合作条件，来定制自己的工作方向。如果您的学校或地区认为定制是正确的路径，请记住以下质量指标，以便开发有效的系统（Jones et al.，2017）：

◎课堂活动应该包括并延伸拓展核心课程。SEL 教学必须集成到学术课程和学科教学中，也需要融入非学术活动中，包括午餐、休息、课后项目、体育活动和俱乐部等。

◎全校应改善校园文化和学风，积极支持学生努力开展 SEL 学习。早晨的例行晨会，学校大厅的宣传屏，以及网站和社交媒体渠道都应该用来促进 SEL 的实施。

◎应该利用课外活动支持 SEL 的工作。课程开发应包括课外人员使用的材料和策略。在这些人员不是学校正式工作人员的情况下尤其重要。

◎ SEL 方法应该充分利用本地资源。不要忽视长期的社区合作伙伴，如大学和企业，利用这些资源扩大推动 SEL 的力量。让职业是教师的家长组织参与项目的实施。

◎安排持续的专业发展机会，以加强教职工的技能。太多 SEL 方案的失败，是因为教师专业发展缺乏力度，学校只是停留于对项目的最初介绍上。也不要忘记那些在 SEL 启动一段时间后加入学校的人。初来乍到的教师应该如何了解这个项目呢？

◎落实对 SEL 工作的支持。如前所述，SEL 项目实施的后续行动和专业指导需要从最初的引进阶段过渡到持续努力阶段。然而，这一过程并不是简单发生的。学校领导应与教师合作，设计方法，提供持续的支持。

◎使用与目标一致的工具来评估结果。这些工具可以包括检查表和其他非正式工具，供教师用来评估学生的表现，并收集这项工作参与人员的反馈情况。SMART 目标提供了一种方法，用以确定学生的成绩和明确必须改进之处。

◎使用工具来评估实施情况。新计划的启动可能比较慢，或者可能会在项目开始阶段充满活力，但随着学年的进展而偏离目标。日志和课堂观摩等工具，可用于评估全校范围内 SEL 的实施效果。

◎最大限度地提高家庭参与度。家庭是我们拥有的最佳资源之一，但是学校有时无法最大限度地发挥家庭的作用。首先需要让家庭了解项目，如果不知道发生了什么，家庭就无法支持学校开发 SEL 的努力。一定要在家庭信件或学校新闻稿中包含相关消息，并安排学校的新闻发布活动，重点强调

SEL 和学术教育的密切联系。

◎社区参与。SEL 项目实施成果最终会真实地体现在年轻人服务社区的工作上。学校可以培养社区伙伴来支持服务式学习项目。此外，还可以邀请社区领导人在招聘会、家庭聚会和其他活动中分享他们的 SEL 专家意见。

同样的原则也适用于收费 SEL 课程项目上，在评估该项目是否适合您的学校或学区时，应该重点寻找这些特性。上述工具由华莱士基金会赞助开发，名为"由内而外实施 SEL 的指导意见（Navigating SEL from the Inside Out）"（Jones et al.，2017）。研究人员检查了 25 个基本 SEL 项目，为每个项目提供了详细信息并进行比较。除了本书提出的质量指标的具体资料外，该报告还对如何选择和执行 SEL 提出了具体的指导。

二、全儿童方案（Whole Child Approach）

ASCD（Association for Supervision and Curriculum Development）的《全儿童方案》（www.ascd.org/whole-child.aspx）为开展 SEL 项目的学校提供了另一个强大的工具。《全儿童方案》的五条原则直接反映了本书的教育意图：

◎每个学生健康地进入学校，学习和实践健康的生活方式。

◎每个学生都能在一个对他和成人身心都安全的环境中学习。

◎每个学生都积极参与学习，并与学校和更广泛的社区联系在一起。

◎每个学生都有机会进行个性化学习，并得到合格的、有爱心的成年人的支持。

◎每个学生都面临着学业上的挑战，为在大学或更高层次的学习取得成功打下基础，为毕业后参与全球化的就业与竞争作好准备。

ASCD 学校改进方案（http://sitool.ascd.org/）是判断学校是否贯彻以上意图的评估调查工具。它收集学校各方面的数据进行评估，包括学校的学风和校园文化，家庭和社区参与，教师专业发展和员工能力等。ASCD 学校改进方案可以为您的学校或学区提供有关学校当前状态的准确信息，判断社交与情感学习项目的实施情况。

本章重点

    我们在第一章讨论了当前为什么要对社交与情感学习投入更多的关注。正如我们所强调的，事实上，不管是否意识到，教育者都在参与SEL。我们的教学方式，我们如何教学，以及我们选择不教什么、不做什么，都大声而清晰地传达我们的价值观。在这个新时代，世界似乎正以越来越快的速度发展，年轻人向他们周围的成年人寻求智慧，以发展课堂内外所需要的基本技能，探索如何成为一个积极参与并充满激情的人。事实上，我们中的一些人可能会感到遗憾，为什么教育工作者耽误了这么长时间才完全承担起这一责任。不必悔恨，常言说得好：最佳植树时机是20年前；如果错过了，没关系，次佳的植树时机是今天。

    作为一位教育者，你愿意种下什么样的树木？打算什么时候去种树呢？

附录

社交与情感学习相关的文学作品资源

　　叙事性和知识性文学作品是激发师生对话，研讨社交与情感学习原则的绝佳资源。尽管无法做到详尽无遗，但本书中引用的许多资源一定能够给读者以启发。海伦·福斯特·詹姆斯（Helen Foster James）是一位扫盲研究人员和儿童读物作者，她整理了该资源列表并配以简介，为每一章内容提供了更多的参考资源，这一列表对 SEL 与教学实践的整合具有重要意义。

自主与认同相关的教学资源（第二章）

绘本书

　　Brennan-Nelson, D., & Brennan, R. (2008). *Willow*. Ann Arbor, MI: Sleeping Bear Press. 主人公薇洛有艺术精神和自己的艺术表达方式，她在美术课上有时会干一些出格的事。虽然受到了训斥，但她没有失去信心。

　　Byrd, B. (1994). *The table where rich people sit*. New York: Atheneum. 山村女孩憎恨她的父母不关心钱财，也不购买奢侈品。她的家人们围坐在一张桌子旁，讨论什么是"富有"，讨论在一个人的生活中该如何看待金钱。

　　Carlson, N. (1988). *I like me*! New York: Viking Press. 这本书的主角是一

头活泼的猪，她总是积极向上，充满自信。犯错误时，她会振作起来再次努力。

Caseley, J. (2001). *Bully*. New York: HarperCollins/Greenwillow. 米奇最好的朋友杰克变成校园恶霸，米奇的父母就如何处理这种情况提出了建议。米奇最终得知杰克觉得自己被小妹妹取代，感到十分愤怒和受伤。

Choi,Y. (2008). *The name jar*. New York: Dragonfly Books. 云鑫刚从韩国搬来，是学校的新生。她急于告诉同学自己难以发音的名字，并决定下周当她从玻璃瓶中挑选出自己的名字时告诉同学们。

DeMont, B. (2017). *I love my purse*. Toronto: Annick Press. 查理喜欢奶奶给他的那个鲜红色钱包，但是其他人并不喜欢。就连交警也问他为何选择这个"奇怪"的东西。

Dr. Seuss. (1996). *My many colored days*. New York: Random House. 书中使用了一系列鲜艳的颜色和各种各样的动物，展示了各种情感，并激发了孩子们对情感的讨论。

Engle, M. (2015). *Drum dream girl: How one girl's courage changed music*. Boston: Houghton Mifflin Harcourt. 很久以前，在一个岛上有一条规定，女孩不能成为鼓手。岛上有一个女孩梦想能够成为鼓手，决定学习打鼓并秘密练习。根据中非古巴混血女孩米洛·卡斯特罗·扎尔达里加（Millo Castro Zaldarriaga）童年经历改编。（非小说）

Henkes, K. (1991). *Chrysanthemum*. New York: HarperCollins/Greenwillow. 矢车菊是一只老鼠，她要开始上幼儿园了。幼儿园里，她因为自己的名字被同学们取笑。她失去了信心，但最终找回了自信。

Leaf, M. (1936). *The story of Ferdinand*. New York: Viking Press. 费迪南德与其他公牛完全不同。他喜欢坐在那里闻着花香，而其他公牛则哼着鼻子，蹦蹦跳跳，经常撞破自己的脑袋。

Lovell, P. (2001). *Stand tall, Molly Lou Melon*. New York: Putnam. 莫莉·梅隆个子矮小，笨手笨脚，长着龅牙，还有一副难以入耳的嗓音，但她

并不介意。祖母告诉她，要挺起胸膛，昂首走路，她听从了祖母的建议。

Parr, T. (2001). *It's okay to be different.* New York: Little, Brown. 通过明亮的、孩子般的插图和文字，作者帕尔告诉我们，与他人不同是可以的，这是让孩子们接受彼此的重要第一步。

Saltzberg, B. (2010). *Beautiful oops!* New York: Workman Publishing. 笨手笨脚的孩子会特别喜欢这本充满想象力的书，它展示了错误如何把糟糕的事情变成美好的事情。

Uegaki, C. (2005). *Suki's kimono. Boston*: Kids Can Press. 月子最喜欢的东西是奶奶送给她的蓝色棉质和服。她决定在上学的第一天就穿上它。月子按自己的节奏前进。

Viorst, J. (1987). *The tenth good thing about Barney.* New York: Atheneum. 一只男孩的宠物猫死了。他的母亲建议举行一个葬礼，并让男孩在葬礼上分享猫咪巴尼的十个优点。这是一个处理宠物死亡的经典故事。

Wood, A. (1982). *Quick as a cricket.* Auburn, ME: Child's Play. 这是一个最受欢迎的故事，讲述了一个孩子的许多品质，通过将这些品质与各种动物比较，逐渐完整地描绘这个孩子。

章节书

Abdel-Fattah, R. (2014). *Does my head look big in this?* New York: Scholastic. 高中三年级学生阿玛尔，决定开始戴头巾，并经历了种族歧视性嘲讽。这些都困扰着这个男孩，影响了他的学习。这本书时而有趣，时而尖锐，提供了很多谈论身份认同的时机。

Crutcher, C. (1995). *Ironman.* New York: Harper Collins. 17 岁的布在学校参加了一个愤怒管理小组，他开始审视自己与实施家暴的父亲之间的关系。

George, J. C. (1959). *My side of the mountain.* New York: Dutton. 这是一部经典小说，主角是一个男孩，他在纽约州森林地区生活的过程中，学会了勇气、独立和对友谊的需要。该书曾获得美国纽伯瑞文学奖。

Hinton, S. E. (1967). *The outsiders*. New York: Viking Press. 这也是一部经典小说，讲述了一个生活在社会边缘的男孩，只能依靠兄弟和朋友生存。

Lin, G. (2006). *The Year of the Dog*. New York: Little, Brown. 今年是中国的狗年——这一年也是佩西"寻找自我"的一年——但当你试图融入学校，取悦你的移民父母时，寻找自我真的很难做到。友谊、家庭和寻找自己的激情等青年共有的主题使这部小说极具吸引力。

Lindgren, A. (1945). *Pippi Longstocking*. New York: Penguin. 皮皮不落俗套，但充满信心。大人们有时会觉得她很烦人，但她喜欢讲述自己航海周游世界的回忆。

Mead, A. (1998). *Junebug and the reverend*. New York: Farrar. 该书是米德的《六月虫》一书的续集，本书中主人公的家人放弃了原计划，开始了新的生活，于是他的生活变得更好了。他的妹妹塔莎，很容易交到朋友，但六月虫成为被欺负的目标。本书详细描绘了一个在困境中坚强生活的孩子。

O'Dell, S. (1960). *Island of the blue dolphins*. Boston: Houghton Mifflin. 这本书主要讲述了一个 12 岁的女孩独自在岛上被困多年的故事。故事主体根据 19 世纪一名尼科莱诺印第安女孩的真实经历改编。这本书主要体现了独自生活的力量和能力。该书曾获得美国纽伯瑞文学奖。

Park, B. (1995). *Mick Harte was here*. New York: Random House. 本书以菲比为第一视角，讲述了弟弟米克死于自行车事故后，她如何努力应对弟弟的死亡和自己的悲伤。

Paulsen, G. (1987). *Hatchet*. New York: Atheneum. 这是一部经典的终极生存故事，讲述了 13 岁的布莱恩如何独自度过 54 天，以及他如何犯错但最终取得胜利的。该书曾获得美国纽伯瑞文学奖。

Spinelli, J. (2000). *Stargirl*. New York: Scholastic. 女孩星星有独特的个性，她穿着奇怪的衣服上学。学校里最受欢迎的女生声称星星是个惺惺作态的骗子，但里奥认为星星善良、勇敢。两人开始了一段友谊，但随后里奥试图说服星星表现得更"正常"。

Wiesel, E. (1972). *Night*. New York: Hill and Wang. 这是一本经典的第一人称作品，展现了威塞尔在大屠杀中的悲惨命运，他质疑上帝怎么会让这样的恐怖发生，同时也为自己寻找生存的意义和宽恕。（非小说）

情绪调节相关的教学资源（第三章）

绘本书

Bang, M. (1999). *When Sophie gets angry—Really, really angry*. New York: Scholastic. 每个人都有生气的时候，这听起来非常令人沮丧。苏菲生气的时候会怎么做？你会怎么做呢？该书曾获得凯迪克图书大奖。

Bottner, B. (1992). *Bootsie Barker bites*. New York: Putnam. 本书主角随着母亲一同拜访布希一家，布希与主角玩了一个需要经常咬人的游戏，这给他带来了很多不愉快的经验。随后布希回访，面对着布希要在家中过夜的可能，本书主角发明了一个新游戏，扭转了局势。

Brimner, L. D. (1998). *Elliot Fry's good-bye*. Honesdale, PA: Boyds Mills Press. 艾略特的妈妈责骂他带着泥浆进屋子，艾略特非常沮丧，决定收拾行李离家出走。

Carlson, N. (1994). *How to lose all your friends*. New York: Viking. 卡尔森借用幽默的语调嘲笑恶霸和其他很难吸引并留住朋友的人。这本诙谐的书籍讨论了真正的朋友应有的特征。

Dewdney, A. (2007). *Llama Llama mad at mama*. New York: Scholastic. 在商店购物时，小洛玛感到无聊并失去耐心，在购物商店里发脾气，但洛玛妈妈保持冷静并让小洛玛参与到购物之中。小洛玛认识到与妈妈在一起是重要的，他的不良行为可以引起学生的讨论。

Henkes, K. (1996). *Lilly's purple plastic purse*. New York: HarperCollins. 莉莉带着她的钱包到学校，她忍不住，没有到合适的时间就与同学分享，老师没收了她的宝物。这导致莉莉的愤怒、报复、悔恨，然后她努力弥补自己的错误。

Henkes, K. (2000). *Wemberly worried.* New York: HarperCollins. 温布力担心所有的事情，无论是大的、小的，还是介于这两者之间的。学校开学了，他担心的事情更多了。

Krull, K., & Brewer, P. (2010). *Lincoln tells a joke: How laughter saved the president (and the country).* Boston: Houghton Mifflin Harcourt. 这个故事提供了一个积极的画像，使林肯这位最让美国人喜欢的总统人性化，展示了他对笑声的热爱，欢笑如何让他在困难时期继续前进。（非小说）

Manning, J. (2012). *Millie fierce.* New York: Penguin. 米莉安静而温婉，却总被忽视，所以她决定要直爽一点。她很快发现直爽也没有作用，所以她混合了直爽与温婉，并添加了一些善意。

Naylor, P. R. (1994). *The king of the playground.* New York: Aladdin. 萨米每天都威胁凯文，宣称自己是"游乐场之王"。和父亲讨论萨米的行为后，凯文获得了解决冲突的信心。

O'Neill, A. (2002). *The recess queen.* New York: Scholastic. 这是一个热闹的故事，用押韵的语句写成，讲述了友谊、善良的力量。一个校园霸凌者在课堂上受到新同学的启发。

Polacco, P. (2001). *Mr. Lincoln's way.* New York: Philomel. 校长林肯先生试图帮助尤金（又名"卑劣的绿色斗士吉恩"），给他一本关于鸟类的书并让他在学校创建一个鸟类中庭，以此努力改变他的行为，但吉恩却继续发表种族主义言论。

Sendak, M. (1963). *Where the Wild Things are.* New York: Harper. 马克斯在家中大搞破坏，没有吃晚饭就被送到了卧室。他的卧室发生了神秘的变化，马克斯也在《野兽家园》图画书中成为野兽家园的国王。该书曾获得凯迪克图书大奖。

Shannon, D. (1998). *No, David!* New York: Blue Sky Press. 大卫·香农五岁时，写了一个半自传的故事，讲述了一个小男孩打破了母亲的所有规则，他耳边能听到的都是母亲的声音，在说："不，大卫！"该书为凯迪克荣誉图书。

Vail, R., & Heo, Y. (2002). *Sometimes I'm Bombaloo*. New York: Scholastic. 凯蒂有时会发脾气，用脚和拳头代替言语。她生气的时候不是她自己，她叫自己"炸弹"。一段时间过后或别人的理解，可以帮助凯蒂再次变回真正的自己。

Viorst, J. (1972). *Alexander and the terrible, horrible, no good, very bad day.* New York: Atheneum. 亚历山大醒来的那一刻起，他的生活变得奇怪。他说自己想搬到澳大利亚去，在那里事情肯定会变得更好。

Willems, M. (2012). *My friend is sad.* New York: Walker & Company. 杰拉尔德陷入困境，他的朋友佩琪决心打扮成牛仔、小丑甚至是机器人让他高兴，但是如何让悲伤的大象高兴呢？

Wood, A. (1996). *Elbert's bad word.* Boston: Houghton Mifflin Harcourt. 埃尔伯特无意中听到一个丑陋的词语，决定在不高兴的时候使用它，但是他学习后知道，还有其他更好的词可以选择去发泄情绪。

章节书

Aurelius, M. (2017). *Mediations*. New York:CreateSpace. 该书写于公元 180 年，记录了罗马皇帝马可·奥里利乌斯的知识旅途，描写了他在一系列军事活动计划中寻求自我提升的故事。（非小说）

Birney, B. G. (2005). *The seven wonders of Sassafras Springs.* New York: Atheneum. 在檫泉酒店，生活一直是可以预测的，甚至有点无聊。但有一天，埃本·麦考利斯特的爸爸要求他在檫泉酒店找到七个可以与真正的世界七大奇迹相媲美的奇迹。

Bruel, N. (2012). *Bad Kitty: School daze.* New York: Square Fish. 当基蒂行为不端时，她被送到管教学校，在那里她必须学着去喜欢别人，听取并遵守规则。

DiCamillo, K. (2000). *Because of Winn-Dixie. Sommerville*, MA: Candlewick Press. 在纽伯瑞文学奖获奖小说中，友谊的力量和重要性一直贯穿始终。十岁的奥博尔·布鲁尼搬到了新城镇，和父亲一起居住。她喜欢听故事，并要求父亲讲述十件关于母亲的事情，母亲在她很小的时候就离开了她。

Hall, M. K., & Jones, K. (Eds.) (2011). *Dear bully: Seventy authors tell their stories*. New York: HarperCollins. 本书的作者们深受青少年和年轻人的喜爱，他们分别作为旁观者、受害者或欺凌者，分享了自己遭遇的校园凌霸。学校的每个角落都有 70 个感人肺腑的故事。这本书是青少年、教育工作者和家长的必备资源，同时还提供了进一步阅读的建议。（非小说）

Hillenbrand, L. (2014). *Unbroken: A World War II story of survival, resilience, and redemption*. New York: Random House. 路易·赞贝里尼在希特勒面前参加了 1936 年柏林奥林匹克，后加入空军。在不幸遭遇坠机后，他在海上漂流了 47 天之后幸存下来。这只是他非凡故事的开始。（非小说）

McDonald, M. (2000). *Judy Moody was in a mood*. New York: Scholastic. 朱迪·穆迪对三年级的期望不高。任何曾经心情不好的孩子都能够认同这个充满活力、有趣且不断变化的角色。

O'Connor, B. (2009). *The small adventure of Popeye and Elvis*. New York: Farrar/Francis Foster Books. 在南卡罗来纳州的费耶特，没有任何事情发生过——至少派普是这样想的。他的生活一直很乏味。但是当漫步者在城里诱捕猫王和他五个吵闹的兄弟姐妹并陷入困境时，派普的生活变得有趣起来。

Palacio, R.J. (2012). *Wonder*. New York:Knopf. 奥古斯特·普尔曼之前一直在家学习，但他的父母认为现在是去学校体验更广阔的世界的时候了。奥古斯特出生时有严重的面部缺陷，但他必须在新学校上学、结交朋友并增长个人能力。他是一位英雄，告诉我们每个人天生与众不同。

Park, B. (2001). Junie B. *Jones first grader (at last!)*. New York: Random House. 珍妮开始了一年级的生活，拥有全新的老师、全新的同学和全新的课堂，她很快意识到自己可能需要一副眼镜。

Paterson, K. (1978). *Bridge to Terabithia*. New York: Harper Row. 五年级的杰西·艾伦斯和莱斯利是好朋友，莱斯利来自富裕家庭，聪明外向，是个假小子。他们一起发明了叫作"特雷比西亚"的大陆。该书曾获得美国纽伯瑞文学奖。

Telgemeier, R. (2010). *Smile*. New York: Scholastic/Graphix. 瑞娜在旅行时磕掉了两颗门牙。六年级的生活已经很艰难了，她还要去看牙医接受治疗。本图画小说根据作者的生活改编而成，鼓励孩子们相信自己可以渡过难关。

认知管理相关的教学资源（第四章）

绘本书

Bunting, E. (1993). *Fly away home*. Boston: Houghton Mifflin Harcourt. 一个住在机场无家可归的男孩，为避免被人注意，在机场里不断转移，被困小鸟追求自由的精神不断鼓舞着他。

Cronin, D. (2000). *Click, clack, moo: Cows that type*. New York: Simon & Schuster. 农夫布朗的奶牛们有一台打字机，它们要求农场主改善条件，否则它们将罢工。

DiSalvo, D. (2002). *Spaghetti Park*. New York: Holiday House. 这是一个讲述社区精神的故事。安吉洛组织修复了一个破旧的社区公园，这里曾是"闹事者"的聚集地。以公园的滚球场地为中心，迪萨尔沃向这些坚强的孩子们展示了当地居民越来越浓厚的复原公园的兴趣。该书还讲解了滚球运动的规则。

DiSalvo-Ryan, D. (1994). *City green*. New York: HarperCollins. 当市政府批评并计划摧毁玛西家附近的一座建筑时，她开始采取行动。很快，每个人都为该活动贡献时间和精力。书中还指导了如何开始创新社区公园。

Fleming, C. (2003). *Boxes for Katje*. New York: Farrar/Melanie Kroupa. 第二次世界大战后，美国女孩罗西给荷兰女孩卡捷寄去一个祝福包裹。卡捷受

到启发，和镇子里的其他人分享了收到的礼物。本书基于作者母亲的童年经历改编而成。

Galdone, P. (1973). *The little red hen*. Boston: Houghton Mifflin Harcourt. 小红母鸡种下一些种子，但是谁会帮助她收庄稼呢？这个流行的民间故事有各种版本，总能引发关于合作的讨论。

Judge, L. (2007). *One thousand tracings: Healing the wounds of World War II*. New York: Hyperion. 本书根据贾奇家族的历史改编，讲述了她的祖父母如何在家中的中西部农场组织救援行动，向来自欧洲的 3000 多名绝望的人发放爱心包裹。

Krull, K. (1996). *Wilma unlimited*. San Diego, CA: Harcourt Brace. 这是一本关于奥林匹克运动员威尔玛·鲁道夫的精彩传记，她克服了贫困、种族歧视和小儿麻痹症的重重困难，成了美国的英雄。（非小说）

Lobel, A. (1972). *Frog and Toad together*. New York: Harper & Row. 这本书中有"一份清单"，讲述了癞蛤蟆早上醒来，决定把今天必须做的事情列一个清单。

McPhail, D. (2002). *The teddy bear*. New York: Holt. 小男孩在公园里发现了他丢失的泰迪熊，一个无家可归的人捡到了它。小男孩与这个人分享了他心爱的泰迪熊，表达了自己的同情心。

Muth, J. J. (2003). *Stone soup*. New York: Scholastic. 在一个缺少合作的陌生人团队中，有人建议用石头做汤。但团队却完成了一场盛宴，这个故事展示了合作的力量。这个经典故事有很多版本。

Newman, P. (2018). *Neema's reason to smile*. New York: Lightswitch Learning. 妮玛想上学，然而她的家庭负担不起学费，但她决心让自己的梦想成真。这是一个关于平等接受教育、全球教育和实现目标的故事。

Polacco, P. (1998). *Thank you, Mr. Falker*. New York: Philomel. 同学们称特丽莎为"哑巴"，她整天忍受着残酷奚落，学业落后，但五年级的新老师福尔克帮助她开发了自己的才能。在学习中遇到困难的学生，可以从特丽莎的成功中得到安慰，并且同学们也会从她的努力中有所感悟。

Woodson, J. (2012). *Each kindness.* New York: Penguin. 克洛伊和她的朋友们不愿意与新来的玛雅玩，但老师告诉她，小小的善举可以改变世界。克洛伊开始思考应该如何对待玛雅。该书曾获简·亚当斯和平奖。

Wyeth, S. D. (1998). *Something beautiful.* New York: Doubleday. 一个小女孩成功地在自己生活的贫民区和许多地方找到了"美好的事物"。她还找到了一种为周围美好的事物作出贡献的方法。

章节书

Buyea, R. (2017). *The perfect score.* New York: Delacorte. 六年级学生从事社区服务项目的同时，也要想办法准备并通过年度评估测试。他们学习如何克服个人缺点，成为更好的自己。这本书的主题包括虐待、贫困、学习障碍和竞技体育。

Clements, A. (1996). *Frindle.* New York: Scholastic. 尼克·艾伦学习了如何创造一个单词。他决定让朋友们用他创造的单词"frindle"来代替钢笔这个词。很快，他家乡的人就开始用"frindle"这个词。接着这个词在全国范围内使用，尼克成了当地的英雄。

Covey, S. (2014). *The 7 habits of highly effective teens.* New York: Touchstone. 为青少年重新诠释成功的指南。（非小说）

Curtis, C. P. (1999). *Bud, not Buddy.* New York: Delacorte Books. 10 岁的巴德·考德威尔刚刚被安置在第三个寄养家庭，四年前他的母亲去世了，他决心要找到自己的父亲。该书曾获得美国纽伯瑞文学奖。

Ellis, D. (2017). *Sit.* Toronto: Groundwood Books. 这本故事集收集了来自不同国家的故事，每个故事都讲述了一个作出决定并采取行动的孩子。每个故事的主人公都有共同的生存目标，这部小说将可以引发关于选择和社会不公的讨论。

Ignatow, A. (2010). *The popularity papers: Research for the social improvement and general betterment of Lydia Goldblatt and Julie Graham-Chang.* New York: Amulet. 莉迪亚和朱莉都是五年级学生，她们是一对好朋友，共同决定解开流行的秘密。她们记录、讨论和复制"酷"女孩的行为。该书共有七本，这是该丛书的第一本。

Lansing, A. (2005). *Endurance: Shackleton's incredible voyage.* New York: Basic Books. "坚忍不拔"（坚持到底就是胜利）是欧内斯特·沙克尔顿的家庭格言和一种生活方式。这是一份档案资料，记录了 1914 年他试图到达南极，但最终失败的经历；同时也记录了他在营救遇难船员方面取得的非凡成就。（非小说）

Lowry, L. (1993). *The giver.* Boston: Houghton Mifflin Harcourt. 这个故事围绕着 12 岁的乔纳斯展开，他生活在一个从众和满足的世界里。故事提出了为什么我们的感情和关系很重要的问题。该书曾获得美国纽伯瑞文学奖。

Paulsen, G. (2011). *Flat broke: The theory, practice and destructive properties of greed.* New York: Random/Lamb. 凯文的零用钱已经被父母中断了，但他急需用钱。他认为自己是一个可以成就他人的幕后英雄，决定为他人设计项目并从中获利。他在自由企业制度中追逐金钱、名望和财富。

Pink, D. (2011). *Drive: The surprising truth about what motivates us.* New York: Riverhead. 作者分享了如何最佳地激励自己和他人的最新心理学研究成果。（非小说）

Rocklin, J. (2012). *One day and one amazing morning on Orange Street.* New York: Abrams. 一个神秘的男人来到奥兰治街，街区的孩子们试图问出他是谁以及他为什么在这里。橘子树的故事将他们每个人联系在一起，从给朋友留下深刻印象，到处理不断扩大的家庭，再到了解弟弟妹妹的病情，这让所有人都在担心。

Ryan, P. M. (1998). *Riding freedom.* New York: Scholastic. 本故事根据夏洛特（查理）·帕克赫斯特的生活虚构而成。她假扮成男孩从孤儿院逃跑，并搬到加州从事驾驶公共马车的工作。这是一个关于勇气和决心的故事。

Vawter, V. (2013). *Paperboy*. New York: Dell. 小矮人是一个很棒的球员，但是他说话时总是结结巴巴的。他在帮最好的朋友做七月的送报工作，但他并不希望与顾客交谈。

社交技能相关的教学资源（第五章）

绘本书

Berger, S. (2018). *What if ...* New York: Little, Brow. 这是一本图画书，描述了创造力、想象力的力量，以及自我表达的重要性，它由现实生活中的好朋友共同编写和绘图。

Brimner, L. D. (2002). *The sidewalk patrol*. New York: Children's Press. 艾比和她的朋友们称自己为"角落里的孩子"，他们将自行车移开，好让盲人邻居可以安全地走在人行道上。

Chinn, K. (1995). *Sam and the lucky money*. New York: Lee & Low. 山姆在过中国新年的时候得到了四美元，但他很沮丧，因为这不够买到想要的礼物。他看到一个无家可归的人后，懂得了该如何更好地使用自己的钱。

de la Peña, M. (2015). *Last stop on Market Street*. New York: Penguin. 每个星期天下午，娜娜和C.J. 坐公共汽车去施粥所时，娜娜都会帮助C.J. 看周围的美景。娜娜说："有时候你会被肮脏包围，C.J.，但此时你才能更好地见证美丽。"该书曾获得美国纽伯瑞文学奖和凯迪克荣誉奖。

Golenbock, P. (1990). *Teammates*. Boston: Houghton Mifflin Harcourt. 杰基·罗宾逊是美国职业棒球联盟球队的第一位黑人球员，这本书描述了他在辛辛那提决定命运的一天，皮威·里斯挺身而出，宣布杰基是他的队友（非小说）。

Ludwig, T. (2013). *The invisible boy*. New York: Penguin. 布莱恩是一个安静的男孩，一直无法引起同学们的注意，贾斯汀加入班级后改变了这一状况。这个故事启发孩子们去思考布莱恩的感受，也许，他们需要像贾斯汀一样对待排除在群体之外的同学。

Munson, D. (2010). *Enemy pie*. San Francisco: Chronicle. 在杰里米搬进社区并成为敌人之前，萨默尔一直很优秀。爸爸教会他摆脱敌人的办法：给敌人一个馅饼。但完成这个秘密计谋还需要花一整天与敌人玩。

Palacio, R. J. (2017). *We're all wonders*. New York: Penguin. 奥吉看起来和其他孩子不一样，他希望人们能忽视外表，并欣赏他。这是一个很有说服力的故事：接受别人应该源于他们的本质，而不是他们的外表。

Saltzberg, B. (2003). *Crazy hair day*. Somerville, MA: Candlewick. 在拍照日当天，斯坦利·伯德鲍姆留着奇怪的发型来到学校，他原以为拍照日就是疯狂发型日。他的朋友拉里取笑斯坦利的奇怪发型，斯坦利躲进了盥洗室。老师让拉里"做个和平缔造者，而不是麻烦制造者"。拉里最终把斯坦利哄回了课堂，斯坦利发现同学都为班级合影准备了同情的姿势，而没有嘲笑他。

Thomas, S. M. (1998). *Somewhere today: A book of peace*. Park Ridge,IL: Albert Whitman. 这本书展示了一个人们通过帮助和关心其他人来促进和平的例子，比如教孩子骑自行车，比如选择友谊而不是战争。（非小说）

Tolstoy, A. (2003). *The enormous turnip*. Boston: Houghton Mifflin Harcourt. 一个俄罗斯人种了一棵萝卜，萝卜越长越大，他自己拔不出来，便让其他人一起帮忙。这个经典的俄罗斯民间故事展现了合作的价值和力量。该故事有很多不同的版本。

章节书

Alexander, K. (2014). *The crossover*. Boston: Houghton Mifflin Harcourt. 这个故事讲述了如何处理问题，比如如何与兄弟的新女友达成协议、如何处理兄弟之间的竞争、如何缓解打篮球的压力以及如何处理父子关系。这本书以诗歌形式叙述，获得了纽伯瑞文学奖。

Clements, A. (2001). *Jake Drake: Bully buster*. New York: Atheneum. 杰克提出疑问："我实在想不明白。如果每个在学校工作的人都很聪明，那他们为什

么消灭校园欺凌行为？为什么说到校园恶霸，孩子们大多需要靠自己？"

Cormier, R. (1974). *The chocolate war*. New York: Knopf. 当杰里拒绝在年度筹款活动中出售巧克力后，他在班级里被同学和年轻的老师欺负。

Estes, E. (1944). *The hundred dresses*. New York: Harcourt. 万达·佩特隆斯基每天穿着同样的褪色连衣裙，常被人嘲笑和奚落，但她说自己有 100 件颜色各异的漂亮连衣裙。她确实拥有漂亮的裙子，因为她画了很多漂亮的裙子。该书曾获得美国纽伯瑞文学奖。

Frankl, V. (1959). *Man's search for meaning*. Boston: Beacon. 弗兰克讲述了自己在二战期间待过四个死亡集中营的经历，告诉读者他的内心哲学和精神如何鼓励他活下来。（非小说）

Hahn, M. D. (1988). *December stillness*. New York: HarperCollins. 凯莉发现自己和以前的朋友们无法和睦相处。她在图书馆看到一个无家可归的人，决定采访他。这本书描述了青少年叛逆以及越南战争和无家可归者的残酷现实。

Johnston, T. (2001). *Any small goodness: A novel of the barrio*. New York: Scholastic/Blue Sky. 在洛杉矶东部的巴里奥，11 岁的阿图罗遇到了一些"喜欢给别人制造恐惧"的帮派成员。西班牙语的讲述以及大量当地的参考资料极为详尽地描述了背景，并深刻地刻画了人物。

Lord, B. B. (1984). *In the Year of the Boar and Jackie Robinson*. New York: Harper. 1947 年，一个名叫雪莉的十岁中国女孩来到布鲁克林。她不懂英语，因此很难交到朋友。但当她和班上最坚强的女孩成为朋友时，其他孩子也接纳了她。

Martin, A. M. (2002). *A corner of the universe*. New York: Scholastic. 年仅 12 岁的哈蒂·欧文希望 1960 年的夏天和往常一样舒适、平静。她期待着帮助母亲经营寄宿家庭，寄宿家庭里住着成年寄宿生。当寄宿生亚当自杀时，哈蒂·欧文意识到他们没有一个人像亚当需要的那样了解他。该书曾获得美国纽伯瑞文学奖。

Philbrick, R. (1993). *Freak the mighty*. New York: Scholastic/Blue Sky Press. 马克斯和凯文是两个被欺负的男孩，他们取长补短，共同承担来自外界的欺凌。通过马克斯的回顾，这本书描述了一个关于友谊和接纳的心酸故事，故事里的两个人物都能够超越平凡。

Rowling, J. K. (Series; years vary). *Harry Potter*. New York: Scholastic.《哈利·波特》系列讲述了一个孤儿和他的朋友们为自己的信仰而奋斗的故事，即使他们面临着重重困难。这是一个关于心理弹性、同理心和宽容的故事。

Spinelli, J. (1996). *Crash*. New York: Knopf. 克莱斯·库根是一名充满自信的足球运动员，也是佩恩·韦伯的磨难。佩恩·韦伯是一位友善、矮小、爱好和平的贵格会教徒。克莱斯深爱的祖父来到这里和家人住在一起，但祖父遭受了一次严重的中风，这导致克莱斯的生活方式和价值观发生了改变。

Strasser, T. (2000). *Give a boy a gun*. New York: Simon & Schuster. 这是个令人毛骨悚然的故事，讲述了两个男孩把他们的高中同学挟持为人质的事件。本故事以采访受害者和行凶者，并组合采访片段的方式讲述。关于枪支统计和校园暴力的脚注贯穿整个故事，同时还提供了其他资源的列表。

Wilson, J. (2001). *Bad girls*. New York: Delacorte. 曼迪·怀特已经十岁了，她讨厌自己看上去只有八岁。正因为如此，她经常被一个名为金的校园恶霸取笑。曼迪和她的新邻居——一个寄养的女孩建立了友谊，她们之间互相学习。

公共精神相关的教学资源（第六章）

绘本书

Clinton, C. (2018). *She persisted around the world: 13 women who changed history*. New York: Penguin. 这本书写给每一个志存高远却被告知要循规蹈矩的人，也是写给每一个想提高嗓门却被要求保持安静的人。（非小说）

Cooney, B. (1982). *Miss Rumphius*. New York: Viking. 这个虚构的故事的

主角是爱丽丝·兰菲尔斯小姐，她是一个四处旅行、经历冒险并致力于让世界变得更美丽的女生。

Fine, E. H., & Josephson, J. (2007). *Armando and the blue tarp school*. New York: Lee & Low. 阿曼多渴望上学，但他需要帮助父亲在垃圾堆里捡可以使用、回收或出售的东西。这个故事证明了一个人对梦想的追求和改变世界的力量。

Krull, K. (2003). *Harvesting hope: The story of Cesar Chavez*. Boston: Houghton Mifflin Harcourt. 这是一本著名的图画书传记，主要讲述了查韦斯为抗议加利福尼亚州农民工工作条件而进行了 340 英里游行的戏剧性故事。该书曾获简·亚当斯和平奖。（非小说）

Krull, K. (2009). *The boy who invented TV: The story of Philo Farnsworth*. New York: Knopf. 这本鼓舞人心的图画书传记讲述了菲罗从出生到被报纸称为"年轻天才"的历程，揭示了想象力和勤奋的重要性。（非小说）

Krull, K. (2019). *No truth without Ruth: The life of Ruth Bader Ginsburg*. New York: HarperCollins. 露丝·巴德·金斯伯格是美国最受尊敬的女性之一，但她的成功来之不易。这部作品是一部授权出版的图画传记，讲述的是美国最高法院第二位女性大法官的故事。（非小说）

Pearson, E. (2017). *Ordinary Mary's extraordinary deed*. Layton, UT: Gibbs Smith. 当一个普通的孩子随机做了一件好事会发生什么？这个故事开始于玛丽简单的善举，以及之后的一系列的连锁反应。

Rappaport, D. (2012). *Helen's big world: The life of Helen Keller*. New York: Disney-Hyperion. 这本图画书传记以世界上最有影响力的一位名人为中心，她对创新和进步的愿景永远地改变了美国和世界。（非小说）

Ryan, P. M. (2002). *When Marian sang*. New York: Scholastic. 玛丽安·安德森最著名的演出是 1939 年在林肯纪念堂台阶上举行的具有历史意义的音乐会。这本书突出了安德森在她的职业生涯中面临的障碍以及她惊人的成就。（非小说）

Steig, W. (1986). *Brave Irene*. New York: Farrar, Straus and Giroux. 裁缝感觉非常难受，所以他勇敢的女儿艾琳冒着巨大的风暴将礼服及时送到宫殿里。

Yousafzai, M. (2017). *Malala's magic pencil*. New York: Little, Brown. 马拉拉想要一支神奇的铅笔，这样她就可以让人们快乐，让垃圾消除味道，或者可以多睡一个小时。但是随着她长大，她发现这个世界需要用其他方式来改善。马拉拉·尤萨法扎伊曾获得 2014 年诺贝尔和平奖。（非小说）

章节书

Brimner, L.D. (2014). *Strike! The farm workers' fight for their rights*. Honesdale, PA: Calkins Creek. 1965 年，在加利福尼亚的德拉诺，数百名菲律宾工人放下工具，拒绝收割挂满果实的葡萄藤。他们的行动引发了美国历史上最重要的农业罢工之一。不久，塞萨尔·查韦斯和他的农场工人也加入了战斗。（非小说）

Brimner, L.D. (2017). *Twelve days in May: Freedom Ride, 1961*. Honesdale, PA: Calkins Creek. 1961 年 5 月 4 日，一个由 13 名黑人和白人组成的团体发起了"自由之旅"的活动，挑战公交终端机上的种族隔离措施。2018 年罗伯特·西伯特信息图书奖得主。（非小说）

Carmon, I., & Knizhnik, S. (2017). *Notorious RBG: The life and times of Ruth Bader Ginsburg* (Young Readers Edition). New York: HarperCollins. 最高法院大法官金斯伯格努力争取平等和妇女权利，他的行为不仅促进了美国劳工待遇的巨大提升，而且影响了美国的法律。（非小说）

Davis, A. (2006). *The civically engaged reader: A diverse collection of short provocative readings on civic activity*. Chicago: Great Books Foundation. 这本书是一系列文学、哲学和批评领域的简短作品集，旨在促进讨论和辩论，其中包括指导对话会遇到的常见问题。

Fadiman, A. (1997). *The spirit catches you and you fall down: A Hmong child, her doctors, and the collision of two cultures*. New York: Farrar, Straus and

Giroux. 这部现代经典作品探讨了被误解的西医，描绘了一个用截然不同的视角看待治疗和疾病的家庭。（非小说）

Fleischman, P. (1997). *Seedfolks*. New York: Harper. 这个故事由俄亥俄州克利夫兰市吉布街附近的不同人物讲述，故事描述了他们如何把一片空地变成社区花园，以及这一经历如何让他们实现个人的转变。

French, S. T. (2011). *Operation Redwood*. New York: Abrams. 朱利安叔叔的企业正计划砍伐加州一些最古老、濒临灭绝的红杉树，朱利安和他的朋友们决心阻止这种行为。

Hiaasen, C. (2002). *Hoot*. New York: Knopf. 罗伊正在为阻止建造薄烤饼屋而努力，因为这将导致一群猫头鹰毁灭。建筑工头否认这一事实存在，但罗伊和他的朋友调查并揭露了真相。该书曾获得美国纽伯瑞文学奖。

Hoose, P. (2010). *Claudette Colvin: Twice toward justice*. New York: Square Fish. 罗莎·帕克斯因拒绝在公交车上让座而出名的九个月前，15 岁的克劳德特也拒绝让座。她的行为被社会不容。"没有简单的方法可以得到正义，你不能粉饰它，而是必须表明立场地说，'这是不对的'。"（非小说）

Yousafzai, M., & McCormick, P. (2014). *I am Malala: How one girl stood up for education and changed the world* (Young Readers Edition). New York: Little Brown. 塔利班控制马拉拉所在的地区时，她只有十岁。塔利班控制妇女不能去市场、女孩不能上学。这是一位诺贝尔奖得主的励志回忆录，她坚持自己的信念。（非小说）

Adesope, O. O., Trevisan, D. A., & Sundararajan, N. (2017). Rethinking the use of tests: A meta-analysis of practice testing. *Review of Educational Research, 87*(3), 659−701. doi:10.3102/0034654316689306

Alexander, K. (2014). *The crossover*. New York: Houghton Mifflin Harcourt.

Andreae, G. (2012). *Giraffes can't dance*. New York: Scholastic.

Applegate, K. (2015). *The one and only Ivan*. New York: HarperCollins.

Argyle, M., & Lu, L. (1990). *Happiness and social skills. Personality and Individual Differences, 11*(12), 1255−1261.

Avi. (1990). *The true confessions of Charlotte Doyle*. New York: Orchard Books.

Avi. (1995). *Poppy*. New York: Orchard Books.

Bandura, A. (2001). Social cognitive theory: An agentic perspective. *Annual Review of Psychology*, 52, 1−26. doi:10.1146/annurev.psych.52.1.1

Beaty, A. (2016). *Ada Twist, scientist*. New York: Abrams.

Berman, S., Chaffee, S., & Sarmiento, J. (2018, March 12). *The practice base for how we learn: Supporting students' social, emotional, and academic development.* Washington, DC: Aspen Institute, National Commission on Social, Emotional, and Academic Development. Retrieved from https://assets.aspeninstitute.org/ content/ uploads/2018/01/CDE-consensus-statement-1-23-18-v26.pdf

Boelts, M. (2016). *A bike like Sergio's*. New York: Penguin Random House.

Boyle-Baise, M., & Zevin, J. (2013). *Young citizens of the world: Teaching elementary social studies through civic engagement.* New York: Routledge.

Brackett, M., & Frank, C. (2017, September 11). Four mindful back-to-school questions to build emotional intelligence. *Washington Post.* Retrieved from https://www.washingtonpost.com/news/parenting/wp/2017/09/11/a-mindful-start-to-the-school-year-four-back-to-school-questions-to-build-emotional-intelligence

Bray, W. (2014). Fostering perseverance: Inspiring students to be "doers of hard things." *Teaching Children Mathematics,* 21(1), 5–7. doi:10.5951/teacchilmath.21.1.0005

Bryk, A. S., Sebring, P., Allensworth, E., Luppescu, S., & Easton, J. Q. (2010). *Organizing schools for improvement: Lessons from Chicago.* Chicago: University of Chicago Press.

Burdick-Will, J. (2013). School violent crime and academic achievement in Chicago. *Sociology of Education*, 86(4), 343–361. doi:10.1177/0038040713494225

Byland, A. A. (2015, June). From "tough kids" to change agents. *Educational Leadership*, 72(9), 28–34. Retrieved from http://www.ascd.org/publications/ educational-leadership/jun15/vol72/num09/From-%C2%A3Tough-Kids%C2%A3-to-Change-Agents.aspx

Callaghan, M. (1936). All the years of her life. *In Now that April's here and other stories* (pp.9–16). New York: Random House.

Casey, B. J., Somerville, L. H., Gotlib, I. H., Ayduk, O., Franklin, N. T., Askren, M. K., . .& Shoda, Y. (2011). Behavioral and neural correlates of delay of gratification 40 years later. *Proceedings of the National Academy of Sciences,*

108(36), 14998−15003. doi:10.1073/pnas.1108561108

Collaborative for Academic, Social, and Emotional Learning. (2005). *Safe and sound: An educational leader's guide to evidence-based social and emotional learning (SEL) programs.* Chicago: Author.

Collins, S. (2008). *The hunger games.* New York: Scholastic.

Compas, B. E., Jaser, S. S., Bettis, A. H., Watson, K. H., Gruhn, M. A., Dunbar, J. P., ...& Thigpen, J. C. (2017). Coping, emotion regulation, and psychopathology in childhood and adolescence: A meta-analysis and narrative review. *Psychological Bulletin*, 143(9), 939−991. doi:10.1037/bul0000110

Costello, B., Wachtel, J., & Wachtel, T. (2009). *The restorative practices handbook for teachers, disciplinarians and administrators.* Bethlehem, PA: International Institute for Restorative Practices.

Cuddy, A. (2015). *Presence: Bringing your boldest self to your biggest challenges.* New York: Little, Brown.

Cuddy, A., Fiske, S., & Glick, P. (2007). The BIAS map: Behaviors from intergroup affect and stereotypes. *Journal of Personality and Social Psychology*, 92(4), 631−648. doi:10.1037/0022-3514.92.4.631

Cuddy, A. J. C., Schultz, A. J., & Fosse, N. E. (2018). P-curving a more comprehensive body of research on postural feedback reveals clear evidential value for power -posing effects: Reply to Simmons and Simonsohn. *Psychological Science,* 29(4), 656−666.

Danese, A., & McEwen, B. S. (2012). Adverse childhood experiences, allostasis, allostatic load, and age-related disease. *Physiology & Behavior*, 106(1), 29−39. doi:10.1016/j. physbeh.2011.08.019

Daniels, H. (2002). *Literature circles: Voice and choice in book clubs and reading groups* (2nd ed.). Portland, ME: Stenhouse.

Delpit, L. (2012). *Multiplication is for white people": Raising expectations for other people's children*. New York: New Press.

Demi. (1997). *One grain of rice: A mathematical folktale*. New York: Scholastic.

Dendy, L., & Boring, M. (2005). *Guinea pig scientists: Bold self-experimenters in science and medicine.* New York: Holt.

Desliver, D. (2016, June 10). Turnout was high in the 2016 primary season, but just short of 2008 record. *Pew Research Center.* Retrieved from http://www.pewresearch.org/fact-tank/2016/06/10/turnout-was-high-in-the-2016-primary-season-but-just-short-of-2008-record/

DeWitt, P. (2018, January 4). 4 ways to get skeptics to embrace social-emotional learning: Educators must pay attention to students' well-being. *EdWeek.* Retrieved from https://www.edweek.org/ew/articles/2018/01/05/4-ways-to-get-skeptics-to -embrace.html

Duncan, G. J., Dowsett, C. J., Claessens, A., Magnuson, K., Huston, A. C., Klebanov, P., ...& Japel, C. (2007). School readiness and later achievement. *Developmental Psychology*, 43, 1428−1446. doi:10.1037/0012-1649.43.6.1428

Dunlosky, J., & Rawson, K. (2012). Overconfidence produces underachievement: Inaccurate self evaluations undermine students' learning and retention. *Learning and Instruction,* 22(4), 271−280. doi:10.1016/j.learninstruc.2011.08.003

Durlak, J. A., Weissberg, R. P., Dymnicki, A. B., Taylor, R. D., & Schellinger, K. B. (2011). The impact of enhancing students' social and emotional learning: A meta-analysis of school-based universal interventions. *Child Development,* 82(1), 405−432. doi:10.1111/ j.1467-8624.2010.01564.x

Durlak, J. A., Weissberg, R. P., & Pachan, M. (2010). A meta-analysis of after-school programs that seek to promote personal and social skills in children and adolescents. *American Journal of Community Psychology*, 45(3−4), 294−309. doi:10.1007/s10464-010-9300-6

Dweck, C. S. (2006). *Mindset: The new psychology of success.* New York: Ballantine.

Elias, M. J., Zins, J. E., Weissberg, R. P., Frey, K. S., Greenberg, M. T., Haynes, N. M., ...Shriver, T. P. (1997). *Promoting social and emotional learning: Guidelines for educators*. Alexandria, VA: ASCD.

Farnam Street. (n.d.). Carol Dweck: A summary of the two mindsets and the power of believing that you can improve [blog post]. Retrieved from https://fs.blog/2015/03/carol-dweck-mindset/

Finnis, M. (2018, April 6). 33 ways to build better relationships. Retrieved from https://www.independentthinking.co.uk/blog/posts/2018/april/33-ways-to-build-better-relationships/Fisher, D., & Frey, N. (2011). *The purposeful classroom: How to structure lessons with learning goals in mind*. Alexandria, VA: ASCD.

Fisher, D., & Frey, N. (2014, November). *Speaking volumes. Educational Leadership* 72(3), 18–23.

Fisher, D., Frey, N., & Pumpian, I. (2012). *How to create a culture of achievement in your school and classroom*. Alexandria, VA: ASCD.

Fisher, D., Frey, N., Quaglia, R. J., Smith, D., & Lande, L. L. (2017). *Engagement by design: Creating learning environments where students thrive*. Thousand Oaks, CA: Corwin.

Flake, S. (2007). *The skin I'm in*. New York: Hyperion.

Flegenheimer, C., Lugo-Candelas, C., Harvey, E., & McDermott, J. M. (2018). Neural processing of threat cues in young children with attention-deficit/hyperactivity symptoms.*Journal of Clinical Child & Adolescent Psychology*, 47(2), 336–344. doi:10.1080/15374416.2017.1286 593

Frey, N., Fisher, D., & Nelson, J. (2013). Todo tiene que ver con lo que se habla: It's all about the talk. *Phi Delta Kappan*, 94(6), 8–13. doi: 10.1177/003172 171309400603

Furr, R. M., & Funder, D. C. (1998). A multimodal analysis of personal negativity. *Journal of Personality and Social Psychology*, 74(6), 1580–1591.

Gerdes, K., Segal, E., Jackson, K., & Mullins, J. (2011). Teaching empathy: A framework rooted in social cognitive neuroscience and social justice. *Journal of Social Work Education*, 47(1), 109–131. doi:10.5175/JSWE.2011.200900085

Gergen, D. (2012, September 30). A candid conversation with Sandra Day O'Connor: "I can still make a difference." *Parade*. Retrieved from https://parade.com/ 125604/davidgergen/30-sandra-day-oconnor-i-can-make-a-difference/Gordon, M. (2009). *Roots of empathy: Changing the world child by child.* New York: The Experiment.

Gordon, S. C., Dembo, M. H., & Hocevar, D. (2007). Do teachers' own learning behaviors influence their classroom goal orientation and control ideology? *Teaching and Teacher Education*, 23(1), 36–46. doi:10.1016/j.tate.2004.08.002

Hannah, S. T., Sweeney, P. J., & Lester, P. B. (2010). The courageous mind-set: A dynamic personality system approach to courage. In C. L. S. Pury & S. J. Lopez (Eds.), *The psychology of courage: Modern research on an ancient virtue* (pp. 125–148). Washington, DC: American Psychological Association.

Harrington, N. G., Giles, S. M., Hoyle, R. H., Feeney, G. J., & Yungbluth, S. C. (2001). Evaluation of the All Stars character education and problem behavior prevention program: Effects on mediator and outcome variables for middle school students. *Health Education & Behavior*, 28(5), 533–546. doi:10.1177/109019810102800502

Hattie, J. (2009). *Visible learning: A synthesis of over 800 meta-analyses relating to achievement.* New York: Routledge.

Hattie, J., & Timperley, H. (2007). The power of feedback. *Review of Educational Research*, 77(1), 81–112.

Hawkins, J. D., Smith, B. H., & Catalano, R. F. (2004). Social development and social and emotional learning. In J. E. Zins, R. P. Weissberg, M. C. Wang, & H. J. Walberg (Eds.), *Building academic success on social and emotional learning:*

What does the research say? (pp. 135–150). New York: Teachers College Press.

Henderson, N. (2013, September). Havens of resilience. *Educational Leadership, 71*(1), 22–27.

Hinton, S. E. (1967). *The outsiders*. New York: Viking Press.

Hoffman, M. (1991). *Amazing Grace*. New York: Dial Books/Penguin.

House, B., & Tomasello, M. (2018). Modeling social norms increasingly influences costly sharing in middle childhood. *Journal of Experimental Child Psychology*, 171, 84–98. doi:10.1016/j. jecp.2017.12.014

Humphrey, N., Kalambouka, A., Wigelsworth, M., Lendrum, A., Deighton, J., & Wolpert, M. (2011). Measures of social and emotional skills for children and young people: A systematic review. *Educational and Psychological Measurement*, 71(4), 617–637. doi:10.1177/0013164410382896

Huntington, J. F. (2016). *The resiliency quiz*. Chevy Chase, MD: Huntington Resiliency Training. Retrieved from http://www.huntingtonresiliency.com/ the-resiliency-quiz/Jacobson, N., & Ross, G. (2012). *The hunger games* [motion picture]. United States: Lionsgate Films.

James-Ward, C., Fisher, D., Frey, N., & Lapp, D. (2013). *Using data to focus instructional improvement*. Alexandria, VA: ASCD.

Jiang, Y. J., Ma, L., & Gao, L. (2016). Assessing teachers' metacognition in teaching: The Teacher Metacognition Inventory. *Teaching and Teacher Education*, 59, 403–413. doi:10.1016/j.tate.2016.07.014

Johnston, P. H. (2004). *Choice words: How our language affects children's learning*. Portsmouth, NH: Stenhouse.

Jones, S., Bailey, R., Brush, K., & Kahn, J. (2018). *Preparing for effective SEL implementation*. Cambridge, MA: Harvard Graduate School of Education.

Jones, S., Brush, K., Bailey, K., Brion-Meisels, G., McIntyre, J., Kahn, J., …& Stickle, L. (2017). *Navigating SEL from the inside out. Looking inside &*

across 25 leading SEL programs: A practical resource for schools and OST providers (elementary school focus). Cambridge, MA: Harvard Graduate School of Education and the Wallace Foundation. Retrieved from http://www.wallacefoundation.org/ knowledge-center/Documents/Navigating-Social-and-Emotional-Learning-from-the-Inside-Out.pdf

Jordan, D., & Jordan, R. M. (2003). *Salt in his shoes: Michael Jordan in pursuit of a dream.* New York: Simon & Schuster.

Kackar-Cam, H., & Schmidt, J. (2014). Community-based service-learning as a context for youth autonomy, competence, and relatedness. *The High School Journal*, 98(1), 83–108. doi:10.1353/hsj.2014.0009

Kamkwamba, W., & Mealer, B. (2010). *The boy who harnessed the wind: Creating currents of electricity and hope.* New York: HarperCollins.

Katz, L., Sax, C., & Fisher, D. (2003). *Activities for a diverse classroom: Connecting students* (2nd ed.). Colorado Springs, CO: PEAK.

Kawashima-Ginsberg, K. (2012, December). *Summary of findings from the evaluation of iCivics'Drafting Board intervention* (CIRCLE Working Paper #76). Medford, MA: Tufts University, Center for Information & Research on Civic Learning & Engagement. Retrieved from http://www.civicyouth.org/wp-content/ uploads/2012/12/ WP_76_KawashimaGinsberg.pdf

Kidd, C., Palmeri, H., & Aslin, R. N. (2013). Rational snacking: Young children's decision-mak-ing on the marshmallow task is moderated by beliefs about environmental reliability. *Cognition*, 126(1), 109–114. doi:10.1016/ j.cognition.2012.08.004

King, R. R., & Datu, J. A. (2017). Happy classes make happy students: Classmates' well-being predicts individual student well-being. *Journal of School Psychology,* 65, 116–128.

Kohlberg, L. (1963). The development of children's orientations toward a moral order: I. Sequence in the development of moral thought. *Vita Humana*, 6(1–2), 11–33.

Kristian, B. (2014, September 19). Nearly two-thirds of Americans can't name all three branches of the government. *The Week*. Retrieved from http://theweek. com/speedreads/445970/nearly-twothirds-americans-cant-name-all-three-branches-government

Kuypers, L. (2013). The zones of regulation: A framework to foster self-regulation. *Sensory Integration*, 36(4), 1–3.

Lamott, A. (1995). *Bird by bird: Some instruction on writing and life*. New York: Anchor.

LeCompte, K., Moore, B., & Blevins, B. (2011). The impact of iCivics on students' core civic knowledge. *Research in the Schools*, 18(2), 58–74.

Lee, D. S., Ybarra, O., Gonzalez, R., & Ellsworth, P. (2018). I-through-we: How supportive social relationships facilitate personal growth. *Personality & Social Psychology Bulletin*, 44(1), 37–48. doi:10.1177/0146167217730371

Levine, P., & Kawashima-Ginsberg, K. (2017, September 21). *The Republic is (still) at risk—And civics is part of the solution. A briefing paper for the Democracy at a Crossroads National Summit*. Retrieved from http://www. civxnow.org/documents/v1/SummitWhitePaper.pdf

Liberman, Z. L., & Shaw, A. (2017). Children use partial resource sharing as a cue to friendship. *Journal of Experimental Child Psychology*, 159, 96–109.

Lionni, L. (1996). *It's mine!* New York: Dragonfly Books.

Lithwick, D. (2018, February 28). They were trained for this moment. How the student activists of Marjory Stoneman Douglas High demonstrate the power of a comprehensive education. *Slate*. Retrieved from https://slate.com/news-and-politics/2018/02/the-student-activists-of-marjory-stoneman-douglas-high-demonstrate-the-power-of-a-full-education.html

Lower, L. M., Newman, T. J., & Anderson-Butcher, D. (2017). Validity and reliability of the Teamwork Scale for Youth. *Research on Social Work Practice*, 27(6), 716–725. doi:10.1177/1049731515589614

Lowry, L. (1989). *Number the stars*. Boston: Houghton Mifflin Harcourt.

Macgowan, M. J., & Wong, S. E. (2017). Improving student confidence in using group work standards. *Research on Social Work Practice*, 27(4), 434–440. doi:10.1177/1049731515587557

Maclellan, E. (2014). How might teachers enable learner self-confidence? A review study. *Educational Review*, 66(1), 59–74. doi:10.1080/00131911.2013.768601

Maier, S., & Seligman, M. (1976). Learned helplessness: Theory and evidence. *Journal of Experimental Psychology: General*, 105(1), 3–46. doi:10.1037/0096-3445.105.1.3

Marinak, B. A., & Gambrell, L. B. (2016). *No more reading for junk: Best practices for motivating readers*. Portsmouth, NH: Heinemann.

Marsden, P. (1998). Memetics and social contagion: Two sides of the same coin? *Journal of Memetics: Evolutionary Models of Information Transmission,* 2. Retrieved from http://cfpm.org/jom-emit/1998/vol2/marsden_p.html

Marulis, L. M., Palincsar, A., Berhenke, A., & Whitebread, D. (2016). Assessing metacognitive knowledge in 3—5 year olds: The development of a metacognitive knowledge interview (McKI). *Metacognition and Learning*, 11(3), 339–368. doi:10.1007/s11409-016-9157-7

Mattis, J. S., Hammond, W. P., Grayman, N., Bonacci, M., Brennan, W., Cowie, S.A., …& So, S. (2009). The social production of altruism: Motivations for caring action in a low-in-come urban community. *American Journal of Community Psychology*, 43(1–2), 71–84. doi:10.1007/s10464-008-9217-5

Mayer, J., Salovey, P., & Caruso, D. (2000). Emotional intelligence as zeitgeist, as personality, and as a mental ability. In R. Bar-On & J. D. A. Parker (Eds.), *The handbook of emotional intelligence* (pp. 92–117). San Francisco: Jossey-Bass.

McConnell, C. (2011). *The essential questions handbook, grades 4—8.* New York: Scholastic.

Midgley, C. (Ed.). (2002). *Goals, goal structures, and patterns of adaptive learning.* Mahwah, NJ: Erlbaum.

Mikami, A. Y., Ruzek, E., Hafen, C., Gregory, A., & Allen, J. (2017). Perceptions of relatedness with classroom peers promote adolescents' behavioral engagement and achievement in secondary school. *Journal of Youth & Adolescence*, 46(11), 2341–2354.

Miller, L. (1989). Modeling awareness of feelings: A needed tool in the therapeutic communication workbox. *Perspectives in Psychiatric Care*, 25(2), 27–29. doi:10.1111/j.1744-6163.1989. tb00300.x

MindTools. (n.d.). Building self-confidence: Preparing yourself for success! Retrieved from https://www.mindtools.com/selfconf.html

Montgomery, S., Miller, W., Foss, P., Tallakson, D., & Howard, M. (2017). Banners for books: "Mighty-hearted" kindergartners take action through arts-based service learning. *Early Childhood Education Journal*, 45(1), 1–14. doi:10.1007/s10643-015-0765-7

Montroy, J. J., Bowles, R. P., Skibbe, L. E., McClelland, M. M., & Morrison, F. J. (2016). The development of self-regulation across early childhood. *Developmental Psychology*, 52(11), 1744–1762. doi:10.1037/dev0000159

Naragon-Gainey, K., McMahon, T. P., & Chacko, T. P. (2017). The structure of common emotion regulation strategies: A meta-analytic examination. *Psychological Bulletin*, 143(4), 384–427. doi:10.1037/bul0000093

National Geographic. (2008). *Every human has rights. A photographic declaration for kids.* New York: Penguin Random House.

National Youth Leadership Council. (2008). *K–12 service-learning standards for quality practice.* Saint Paul, MN: Author. Retrieved from https://nylc.org/wp-content/uploads/2015/10/standards_document_mar2015update.pdf

Nelson, A. E. (2009). *Social influence survey.* Retrieved from https://stca.org/documents/2016/6/Kidlead%20Social%20Influence%20Survey.pdf

Nelson, A. E. (2017). Mining student leadership gold. *Principal Leadership*, 17(7), 48–51.

Noddings, N. (2012). The caring relation in teaching. *Oxford Review of Education,* 38(6), 771–781. doi:10.1080/03054985.2012.745047

Norton, P. J., & Weiss, B. J. (2009). The role of courage on behavioral approach in a fear-eliciting situation: A proof-of-concept pilot study. *Journal of Anxiety Disorders*, 23(2), 212–217.doi:10.1016/j.janxdis.2008.07.002

Öhman, A., Flykt, A., & Esteves, F. (2001). Emotion drives attention: Detecting the snake in the grass. *Journal of Experimental Psychology*, 130(3), 466–478. doi:10.1037/0096-3445.130.3.466

O'Keefe, P. A., Ben-Eliyahu, A., & Linnenbrink-Garcia, L. (2013). Shaping achievement goal orientations in a mastery-structured environment and concomitant changes in related contingencies of self-worth. *Motivation and Emotion*, 37(1), 50–64. doi:10.1007/s11031-012-9293-6

Orwell, G. (1946). *Animal farm.* New York: Harcourt, Brace.

Palacio, R. J. (2012). *Wonder.* New York: Random House.

Palincsar, A. S., & Brown, A. L. (1984). Reciprocal teaching of comprehension-fostering and comprehension-monitoring activities. *Cognition and Instruction*, 1(2), 117–175.doi:10.1207/s1532690xci0102_1

Park, D., Tsukayama, E., Goodwin, G., Patrick, S., & Duckworth, A. (2017). A tripartite taxonomy of character: Evidence for intrapersonal, interpersonal, and intellectual competencies in children. *Contemporary Educational Psychology,*

48, 16–27. doi:10.1016/j.cedpsych.2016.08.001

Partnership for 21st Century Learning. (2015). The 4Cs research series. Retrieved from http://www.p21.org/our-work/4cs-research-series

Perkins, D. N., & Salomon, G. (1992). Transfer of learning. *International encyclopedia of education* (2nd ed.). Oxford: Pergamon.

Perkins-Gough, D., & Duckworth, A. (2013, September). The significance of GRIT. *Educational Leadership*, 71(1), 14–20.

Peterson, E., & Meissel, K. (2015). The effect of Cognitive Style Analysis (CSA) test on achievement: A meta-analytic review. *Learning and Individual Differences,* 38, 115–122.doi:10.1016/j.lindif.2015.01.011

Phelps, E. A. (2004). Human emotion and memory: Interactions of the amygdala and hippocampal complex. *Current Opinion in Neurobiology*, 14(2), 198–202. doi:10.1016/j.conb.2004.03.015

Pinker, S. (2012). *The better angels of our nature: Why violence has declined.* New York: Penguin.

Plutchik, R. (1997). The circumplex as a general model of the structure of emotions and personality. In R. Plutchik & H. R. Conte (Eds.), *Circumplex models of personality and emotions* (pp. 17–45). Washington, DC: American Psychological Association.

Posner, G. (1992). *Analyzing the curriculum* (2nd ed.). New York: McGraw-Hill.

Potter, L. A. (2016). Provoking student interest in civic responsibility with an 18th century diary entry. *Social Education*, 80(4), 224–226.

Ramirez, G., McDonough, I. M., & Ling, J. (2017). Classroom stress promotes motivated forgetting of mathematics knowledge. *Journal of Educational Psychology*, 109(6), 812–825.doi:10.1037/edu0000170

Rivera, J., & Docter, P. (2015). *Inside out* [motion picture]. United States: Walt Disney Pictures.

Republic [Def. 2]. (n.d.). In *Merriam-Webster* online. Retrieved from https://www. merriam-webster.com/dictionary/republic

Road Not Taken [computer software]. Kirkland, WA: Spry Fox.

Rosen, L. D. (2017). The distracted student mind—Enhancing its focus and attention. *Phi Delta Kappan*, 99(2), 8–14. doi:10.1177/0031721717734183

Ryan, P. M. (2000). *Esperanza rising*. New York: Scholastic.

Sapon-Shevin, M. (1998). *Because we can change the world: A practical guide to building cooperative, inclusive classroom communities*. Boston: Allyn & Bacon.

The Secretary's Commission on Achieving Necessary Skills. (1992). *Learning a living: A blueprint for high performance. A SCANS report for America 2000*. Washington, DC: U.S.Department of Labor. Retrieved from https://wdr.doleta. gov/scans/lal/lal.pdf

Shakur, T. (1999). *The rose that grew from concrete*. New York: MTV Books/ Simon & Schuster.

Shannon, D. (2002). *David gets in trouble*. New York: Scholastic.

Shoda, Y., Mischel, W., & Peake, P. K. (1990). Predicting adolescent cognitive and self-regula-tory competencies from preschool delay of gratification: Identifying diagnostic conditions. *Developmental Psychology,* 26(6), 978–986. doi:10.1037/0012-1649.26.6.978

Sisk, V. F., Burgoyne, A. P., Sun, J., Butler, J. L., & Macnamara, B. N. (2018). To what extent and under which circumstances are growth mind-sets important to academic achievement? Two meta-analyses. *Psychological Science,* 29(4), 549–571. doi:10.1177/0956797617739704

Smith, D., Fisher, D., & Frey, N. (2015). *Better than carrots or sticks: Restorative practices for positive classroom management*. Alexandria, VA: ASCD.

Smith, D., Frey, N. E., Pumpian, I., & Fisher, D. (2017). *Building equity: Policies and practices to empower all learners*. Alexandria, VA: ASCD.

Spinelli, J. (1990). *Maniac Magee*. New York: Little, Brown.

Spinelli, J. (1996). *Wringer*. New York: HarperCollins.

Sternberg, R. J. (1998). Metacognition, abilities, and developing expertise: What makes an expert student? *Instructional Science*, 26(1–2), 127–140. doi:10.1023/A:1003096215103

Stirin, K., Ganzach, Y., Pazy, A., & Eden, D. (2012). The effect of perceived advantage and disadvantage on performance: The role of external efficacy. *Applied Psychology,* 61(1), 81–96.doi:10.1111/j.1464-0597.2011.00457.x

Strom, B. S. (2016). Using service learning to teach The Other Wes Moore: The importance of teaching nonfiction as critical literacy. *English Journal,* 105(4), 37–42.

Talsma, K., Schüz, B., Schwarzer, R., & Norris, K. (2018). I believe, therefore I achieve (and vice versa): A meta-analytic cross-lagged panel analysis of self-efficacy and academic performance. *Learning and Individual Differences,* 61, 136–150. doi:10.1016/j.lindif.2017.11.015

Trollope, A. (2014). *Anthony Trollope: An autobiography and other writings*. (N. Shrimpton, Ed.). New York: Oxford University Press.

Ungar, M. (2008). Resilience across cultures. *British Journal of Social Work*, 38(2), 218–235.doi:10.1093/bjsw/bcl343

Ungar, M., Brown, M., Liebenberg, L., Othman, R., Kwong, W. M., Armstrong, M., & Gilgun, J. (2007). Unique pathways to resilience across cultures. *Adolescence,* 42(166), 287–310.

U.S. Department of Education, National Center for Education Statistics. (2015). *National Assessment of Educational Progress (NAEP), 2014 Civics assessments.* Retrieved from https://nces.ed.gov/nationsreportcard/civics/

United Nations. (1948, December 10). *The Universal Declaration of Human Rights.* Retrieved from http://www.un.org/en/universal-declaration-human-rights/

van der Linden, D. V., Pekaar, K. A., Bakker, A. B., Schermer, J. A., Vernon, P. A., Dunkel, C. S., & Petrides, K. V. (2017). Overlap between the general factor of personality and emotional intelligence: A meta-analysis. *Psychological Bulletin*, 143(1), 36−52. doi:10.1037/bul0000078

Vasquez, J. (1989). Contexts of learning for minority students. *The Educational Forum*, 52(3), 243−253. doi:10.1080/00131728809335490

Vogel, S., & Schwabe, L. (2016). Learning and memory under stress: Implications for the classroom. *NPJ Science of Learning*, 1, 1−10. doi:10.1038/ npjscilearn.2016.11

Waters, E., & Sroufe, L. A. (1983). Social competence as a developmental construct. *Developmental Review*, 3(1), 79−97. doi:10.1016/0273-2297(83) 90010-2

White, R. E., Prager, E. O., Schaefer, C., Kross, E., Duckworth, A., & Carlson, S. M. (2017). The "Batman effect": Improving perseverance in young children. *Child Development*, 88(5), 1563−1571. doi:10.1111/cdev.12695

Williams, V. B. (1982). *A chair for my mother.* New York: HarperCollins.

Wilson, D. B., Gottfredson, D. C., & Najaka, S. S. (2001). School-based prevention of problem behaviors: A meta-analysis. *Journal of Quantitative Criminology,* 17(3), 247−272. doi:10.1023/A:1011050217296

Zimmerman, B. J. (1989). A social cognitive view of self-regulated academic learning. *Journal of Educational Psychology,* 81(3), 329−339. doi:10.1037/0022- 0663.81.3.329

译后记

　　中国教育界一直以来流传着这样一个故事：有记者采访一位诺贝尔奖获得者，问他最重要的知识和能力是在哪里获得的。这位诺贝尔奖获得者说是幼儿园，在那里他学会了与人分享、讲究卫生、遵守秩序、礼貌待人、善于观察与思考等。这个故事的真实性姑且不论，但故事中提到的能力素养就是本书的主题——社交与情感教育。无独有偶，中国传统文化同样重视社交与情感教育。孔孟教育思想中贯穿的内容就是仁和礼两个方面，仁就是人的内心情感，而礼就是社会交往的规范。尽管孔孟教育的具体内容与现代社交情感教育不同，但是教育领域并未有大的变化。在教育教学理论中，社交与情感也一直占有重要的地位。马斯洛需求层次理论中第三、第四层次的需求强调的就是情感与社交需求，布鲁姆教育目标分类同样将情感列为第二大教育目标。

　　但在当代中国教育实践中，社交与情感教育并没有受到应有的重视。社交与情感教育没有设置独立的课程教授，只有部分内容纳入思想品德课程中的公民道德部分，且重视程度不足。思想品德课程本身课时有限，大多中小学校每周只有 1～2 节，大约与音乐、美术课程相当；而日常班级管理中的思想品德教育大多针对具体事件，缺乏系统性。可以说，社交与情感教育的缺失情况已相当严重。这一缺失的影响是深远的。我国高校普遍设立心理健康咨询中心，配备大量辅导员，其工作内容之一就是应对当代大学生的心理健康问题。但人盯人的严防死守只能被动应对，解决了具体问题而无法根除大学生内心的焦虑不安。这一问题追根溯源还是在于中小学阶段社交与情感教育的缺失。因此，本书作者才会在最后一章感到惋惜，为什么教育工作者耽误了这么长时间才完全承担起这一责任！

亡羊补牢，为时未晚。基于这一问题，本书着眼学生的长远发展和课堂内、社会生活所需的社交与情感技能，提出了培育社会交往和情感力的系统解决方案。本书首先系统设立社交与情感教育目标，提出了社交与情感教育的五大领域：认同与自主、情绪调节、认知管理、社交技能、公共精神，共计提供了 33 个教学策略并配备对应的案例。在实施策略上，本书用单独一章阐述，在不增加独立的教育课时的情况下，设计科学完善的原则与步骤，努力将社交与情感学习融入其他科目的教学课堂中，融入学生的校内外生活实践中，帮助读者认识发现课堂内外开展社交与情感学习的机会，掌握各种问题相应的解决策略。这种系统性、实践性并重的特征在教育理论研究中是难能可贵的，体现了作者以学生人生发展需求为自己的研究原点。正如本书英文简介所说，"孩子们的社交与情感发展太重要了，不应该成为教学中附加的内容，更不应该成为问题发生后的弥补措施；它对学生如此重要，需要我们系统地教授，而不能让学生的一生由运气来决定"。

本书的作者也值得一提。三位作者均为圣地亚哥州立大学教育领导学教授，已经在本书出版机构 ASCD（The Association for Supervision and Curriculum Development，督导与课程开发协会）出版了多部著作，并且大多被我国引进翻译出版。本翻译团队完成了福建教育出版社和宁波出版社出版的《扶放有度实施优质教学》《精准教学——教师成长与领导力框架》和《投入为先模式》。

从 ASCD 出版社官网图书列表可以进一步看出，本书的作者团队 2008 年以来一直从事于课堂管理、教学方法的实践研究，出版著作已有十余部。

本书的研究可以说是原有实践研究的进一步理论化与科学化。从心理学、教育研究大数据领域找到促进学生社交与情感发展，进而推动学业成绩提升乃至加强课堂管理的秘籍。略有遗憾的是，本书尚未进一步深入涉及脑科学领域。实际上，脑科学、神经学已经提出了社会脑的假说，初步证明人类社交的本质需求，人只有在积极的社会交往中才能学得更多更好。通过本书以及脑科学理论，我们能够发现，社交与情感教育不仅应该是学校教育的一部分，甚至应该是学校教育的基础。

每一位热爱教育、关爱学生的教师都能够从本书中获益，它不仅能够给予你教育思想的启发，更能对教学尤其是对学困生教学提供有力的支持。陈鹤琴老先生曾说过：没有教不好的学生，只有不会教的老师。教好每一位学生可以说是对教师职业的最高要求了，每一位教师都是在朝着这一方向而努力。本书则能够帮助我们反思，什么才算教好学生；更能够给予教师有力的工具，帮助每一位，尤其是在情感、社交领域遇到困难进而影响学习的学生，让他们成为最好的自己。

最后要特别感谢华东师范大学出版社的大力支持，本书 2019 年 1 月在美国出版的第一时间，华东师范大学出版社的同仁就积极争取翻译版权，同时在翻译与出版过程中对本团队予以极大的支持。本书的出版离不开各位编辑的默默付出。

参与本书翻译工作的有：浙江传媒学院冯建超（第 1—3 章、7 章，附录、作者简介，全书校对）、浙江大学李爽（第 4—5 章）、杭州外国语学校洪梅（第 6 章）、浙江大学盛群力（全书审订）；感谢浙江传媒学院杨青青老师协助翻译了附录文学作品资源中的部分内容。

恳请读者对本书翻译中存在的错误和不足予以指教。

冯建超

图书在版编目（CIP）数据

社会交往和情感教育／（美）南希·弗雷，（美）道格拉斯·费希尔，（美）多米尼克·史密斯著；冯建超，李爽，洪梅译．—上海：华东师范大学出版社，2021

ISBN 978 - 7 - 5760 - 2293 - 3

Ⅰ.①社… Ⅱ.①南… ②道… ③多… ④冯… ⑤李… ⑥洪… Ⅲ.①情感教育 Ⅳ.① G44

中国版本图书馆 CIP 数据核字（2021）第 254496 号

大夏书系·培养学习力译丛　　盛群力　主编

社会交往和情感教育

著　　者	［美］南希·弗雷　道格拉斯·费希尔　多米尼克·史密斯
译　　者	冯建超　李　爽　洪　梅
审　　订	盛群力
策划编辑	李永梅
责任编辑	万丽丽
责任校对	杨　坤
封面设计	奇文云海·设计顾问

出版发行	华东师范大学出版社
社　　址	上海市中山北路 3663 号　邮编　200062
网　　址	www.ecnupress.com.cn
电　　话	021-60821666　行政传真　021-62572105
客服电话	021-62865537
邮购电话	021-62869887　地址　上海市中山北路 3663 号华东师范大学校内先锋路口
网　　店	http://hdsdcbs.tmall.com/

印 刷 者	北京密兴印刷有限公司
开　　本	700×1000　16 开
插　　页	1
印　　张	12.5
字　　数	180 千字
版　　次	2022 年 4 月第一版
印　　次	2022 年 4 月第一次
印　　数	6 000
书　　号	ISBN 978 - 7 - 5760 - 2293 - 3
定　　价	52.00 元

出 版 人　　王　焰

（如发现本版图书有印订质量问题，请寄回本社市场部调换或电话 021-62865537 联系）